农业农村部信息中心

我国糖料与食糖市场
监测分析与研究

中国农业出版社
北 京

图书在版编目（CIP）数据

我国糖料与食糖市场监测分析与研究 / 农业农村部信息中心编著 . —北京：中国农业出版社，2021.8
　　ISBN 978-7-109-28657-3

　　Ⅰ . ①我… 　Ⅱ . ①农… 　Ⅲ . ①食糖—制糖工业—工业产业—市场—监测—中国 　Ⅳ . ①F426.82

中国版本图书馆 CIP 数据核字（2021）第 157009 号

我国糖料与食糖市场监测分析与研究
WOGUO TANGLIAO YU SHITANG SHICHANG JIANCE FENXI YU YANJIU

中国农业出版社出版
地址：北京市朝阳区麦子店街 18 号楼
邮编：100125
责任编辑：孙鸣凤
版式设计：王　晨　　责任校对：吴丽婷
印刷：北京通州皇家印刷厂
版次：2021 年 8 月第 1 版
印次：2021 年 8 月北京第 1 次印刷
发行：新华书店北京发行所
开本：880mm×1230mm　1/32
印张：10.5
字数：240 千字
定价：88.00 元

编　委　会

主　　任：王小兵

副 主 任：蔡　萍　刘桂才　曹庆波　孟　丽

主　　编：马光霞

编写人员（按姓氏笔画排序）：

马　凯　马光霞　王芸娟　牙　莉

刘亚莉　李　想　李俊泽　李淞淋

张永金　孟　丽　钟金传　倪建红

徐佳男　殷瑞锋

农业农村部信息中心长期承担农业农村部市场与信息化司粮棉油糖等大宗农产品国内外市场监测预警及重要农产品供需平衡表的研制、发布等工作。自2001年农业农村部开展监测预警工作以来，一直由专人负责糖料与食糖市场监测预警分析，并长期作为部市场预警专家委员会食糖首席分析师参与食糖全产业链监测预警工作。通过持续开展糖料、食糖市场监测与调查研究，撰写了大量的分析报告，对国家产业政策制定、糖料生产健康发展以及食糖市场的平稳运行起到了宏观支撑作用。

本书精选部分研究成果修订结集成书，主要包括：糖料与食糖市场分析与展望、贸易分析与研究、产业调研与政策研究、供需形势分析、解读报告及新闻发布等方面；以时间为主线，各章节有内在的逻辑关系，在实地调研和深入分析的基础上，对糖料生产与食糖市场运行的规律、行业发展的出路等问题进行了研究探讨，对糖料与食糖行业从业者具有一定的参考价值。

糖料与食糖市场监测预警工作，一直是在相关司局及中心各级领导的引领指导下开展的；始终得到合作单位、行业协会、主产区同仁、各相关单位的大力协助，在此一并表示感谢！

书中文字、表、图所涉及的进出口数据，均根据中国海关进出口数据整理加工绘制，国内外价格均采自沐甜科技，种植面积、产量等资料主要来自中国糖业协会、《中国统计年鉴》等公开发布的数据。

因时间仓促、水平有限，书中难免有不足和疏漏之处，恳请批评指正。

编　者

2021 年 7 月

目录

第一篇 PART ONE

市场分析与展望

经济发展新常态下
我国食糖市场运行新特点

■ 我国食糖市场存在当季产不足需、食糖消费继续增长、当季产不足需缺口扩大、食糖进口远远超过缺口，总供给远大于总需求、食糖库存连创历史新高的供需现状。我国食糖市场运行呈现食糖的国际化程度不断提高、高价差、超配额进口的情况经常性存在、制糖企业亏损严重、蔗农收入不断下降、食糖的能源属性、金融属性越来越被彰显、国家调控市场的难度加大等新特点。经济发展新常态下，我国糖业根本问题在于缺乏竞争力、生产效率低，根本出路在于提升产业的竞争力。

一、我国食糖市场供需现状

（一）当季产不足需，总供给远大于总需求

1. 食糖产量持平略涨

（1）种植面积同比下降 2.5%，其中甜菜种植面积大幅下

降。据中国糖业协会统计，2013/2014榨季，全国糖料种植面积
2 713.56万亩①，同比减少68.46万亩，减幅为2.5%（图1）。
其中，甘蔗种植面积2 438.87万亩，同比减少9.28万亩，减幅
为0.4%；甜菜种植面积275万亩，同比减少59.18万亩，减幅
为17.7%。

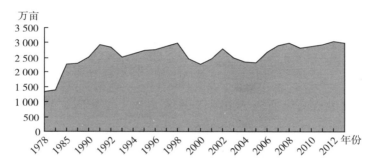

图1　1978年以来我国糖料种植面积波动情况
数据来源：《中国统计年鉴》《中国农业统计资料》。

（2）甘蔗单产有所提高。据中国糖业协会统计，2013/2014
榨季甘蔗平均单产为4.48吨/亩，同比每亩增加0.23吨，增幅
为5.4%；甜菜平均单产3.05吨/亩，同比每亩减少0.02吨，
减幅为0.7%。

整个榨季加工糖料11 275万吨，比上榨季减少46万吨，减
幅0.4%。

（3）食糖产量持平略涨。我国食糖产量连续三年增长，居历
年产量第二。2013/2014榨季我国甘蔗糖增产、甜菜糖减产，全
国食糖产量为1 331.8万吨，同比增加24.96万吨，增幅为

_____

① 亩为非法定计量单位，15亩=1公顷。下同。——编者注

1.9%。其中，甘蔗糖产量为 1 257.17 万吨，同比增加 58.87 万吨，增幅为 4.9%；甜菜糖产量为 74.63 万吨，同比减少 33.87 万吨，降幅为 31.2%。

2. 食糖消费继续增长

（1）食糖消费连续两年增长。2013/2014 榨季我国食糖消费，在 2012/2013 榨季增长的基础上继续增长，为 1 480 万吨。比上榨季增加 90 万吨，增幅扩大为 6.5%。居历年食糖消费总量的第一位。

（2）食糖消费结构稳定。在我国食糖消费总量中，民用消费占 36%，工业消费占 64%。

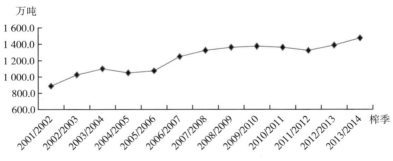

图2　2001/2002 榨季以来我国食糖消费变化走势

（3）消费量与糖价呈负相关。消费量继续增长主要是受 2013/2014 榨季糖价继续回落的刺激。

3. 当季产不足需缺口扩大

当季产需缺口增长 78.0%：2013/2014 榨季我国食糖当季产需缺口为 148 万吨，比上榨季增加 64.8 万吨，增幅为 78.0%。

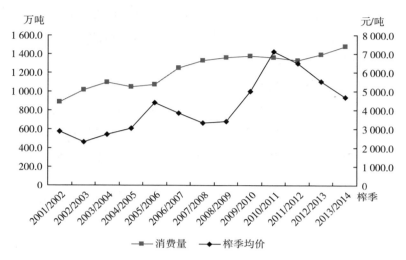

图3 2001/2002榨季以来我国食糖消费量与价格走势对比

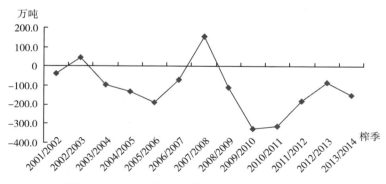

图4 2001/2002榨季以来我国食糖产需缺口变化

4. 食糖进口远远超过缺口

2013/2014榨季我国一般贸易方式进口的食糖349.6万吨，占进口总量（402.4万吨）的86.9%，同比减少8.1个百分点。

2013/2014榨季一般贸易方式净进口食糖348.2万吨，同比增长 0.6%，是配额的 1.79 倍。

加入 WTO 后我国每年食糖进口的配额为 194.5 万吨，配额内关税 15%，配额外关税为 50%。低价的外糖，即便加上关税和损耗，其到岸价也比国内糖便宜。这也是外糖大量涌入国内市场的主要原因。大量的进口糖导致并加剧了我国食糖市场供大于求的矛盾。

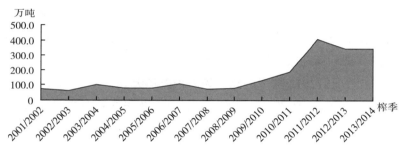

图 5　2001/2002 榨季以来我国食糖一般贸易净进口量变化

（二）庞大的进口量，使我国食糖库存创历史新高

2013/2014 榨季我国食糖总供给，仅总产量 1 332 万吨加上一般贸易净进口量 348.2 万吨，就达到 1 680.2 万吨，远大于 1 480 万吨的国内总消费量，多出 200 万吨；再加上期初库存等，2013/2014 榨季末我国食糖库存继续扩大、突破 900 万吨，再创历史新高。

二、我国食糖市场运行新特点

（一）食糖市场的国际化程度不断提高

国际食糖市场对我国食糖市场的影响越发显著。国内糖价不

7

仅受国内的生产成本、食糖供求等因素所左右，而且受国际市场的影响程度越来越大，食粮市场的国际化程度不断提高。

（二）高价差、超配额进口的情况经常性发生

我国糖价缺乏竞争力：国内食糖生产成本与主产国差距越来越大，近四个榨季以来，进口糖到岸完税价经常性低于国内，且价差呈现持续扩大的趋势。较大的价差，带来巨大的利润空间，使得我国食糖进口量超配额的情况经常性发生。

1. 2012/2013 榨季国际、国内价差扩大

2012/2013 榨季国际食糖产量增加，供大于求加剧，国际食糖价格总体延续了 2011/2012 榨季震荡下跌的态势；国际糖价仍远低于国内。

2012/2013 榨季，国际糖（泰国白糖）到岸价，每月都比国内低（上榨季还有 2 个月份是国际糖到岸价高于国内的）。均价为 4 618 元/吨（2011/2012 榨季 6 477 元/吨），比国内均价（5 513 元/吨，2011/2012 榨季 5 792 元/吨）每吨低 895 元（2011/2012 榨季 686 元），同比每吨价差扩大了 209 元。比国内糖每吨便宜 16.2%。

价差最大的月份（2012 年 11 月）每吨比国内低 1 270 元；价差最小的月份（2013 年 3 月）每吨也比国内低 689 元。

这正是 2012/2013 榨季我国食糖进口虽有所下降，但绝对量仍庞大的原因。

2012/2013 榨季我国食糖一般贸易净进口，同比 2011/2012 榨季虽大幅下降了 15.7%，但 346.1 万吨的绝对量，无疑加剧了我国食糖市场供大于求的矛盾。

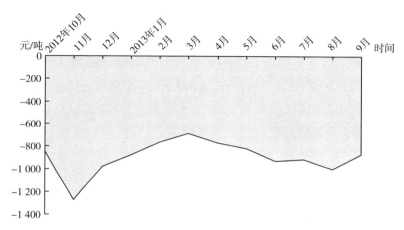

图6 2012/2013 榨季泰国原糖到岸价与国内糖价价差变化

2. 2013/2014 榨季国际、国内价差明显缩小

2013/2014 榨季国际食糖产量继续增长，供大于求继续加剧，国际食糖价格总体呈波动下行的态势；国际糖价继续低于国内。

2013/2014 榨季，国际糖（巴西白糖）到岸价每月均低于国内。均价为 4 269 元/吨（2012/2013 榨季 4 618 元/吨），比国内均价（4 699 元/吨，2012/2013 榨季 5 513 元/吨）每吨低 430 元（2012/2013 榨季 895 元），同比每吨价差缩小了 465 元。比国内糖每吨便宜 9.2%。

价差最大的月份（2013 年 12 月）每吨比国内低 1 043.2 元；价差最小的月份（2014 年 9 月）每吨比国内低 49.7 元。

在 2013/2014 榨季国际、国内价差明显缩小的情况下，2013/2014 榨季我国食糖一般贸易净进口量同比仍持平略增，为 348.2 万吨。

3. 2015年上半年价差持续拉大、进口大增

（1）进口糖与国产糖的价差持续拉大。2015年1—6月，进口配额内15％关税后的巴西食糖到岸价每吨分别为3 924元、3 793元、3 470元、3 484元、3 389元、3 160元；比国内糖价每吨分别低711元、1 101元、1 433元、1 807元、1 973元、2 130元，价差逐月扩大。

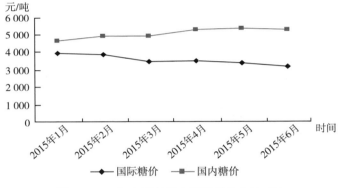

图7　2015年上半年国内国际糖价走势对比

（2）1—5月我国食糖进口量额均大幅增长。2015年1—5月，我国进口食糖207.4万吨，同比增长58.4％，进口额7.9亿美元，同比增长35.8％。2015年1—5月，我国从巴西进口的食糖最多，占全国进口量的50.4％，其次是古巴、泰国、危地马拉等国家。进口糖大增主要是因为配额内外的进口糖价都远低于国内，且价差连续9个月扩大。

（三）国际糖价经常性低于国内糖价的原因分析

2002年以来有两段时间国际糖价经常性低于国内。一是

2006 年 9 月至 2007 年 11 月。这 15 个月间，国际糖价经常性低于国内，价差最大为 848 元/吨、价差最小为 17 元/吨；仅有 1 个月，国际糖价高于国内（40 元/吨）。二是 2011 年 8 月至 2014 年 11 月。这 40 个月间，国际糖价经常性低于国内，价差最大为 1 324 元/吨、最小为 50 元/吨，2014 年 11 月的价差为 362 元/吨；仅有 2 个月，国际糖价高于国内。

国际糖价之所以经常性低于国内，主要有以下原因：

1. 期货投机拉动

2006 年 1 月 6 日郑州白糖期货开市，社会游资涌入糖市，利用 2005/2006 榨季国内食糖减产、国际食糖供求有缺口以及甘蔗能源概念，对糖价进行炒作，不断推高白糖期价，继而带动现货价格。

2. 高价收储

2011/2012 榨季、2012/2013 榨季，我国食糖当季产不足需，而国家收储价分别是 6 550 元/吨、6 100 元/吨。这样的收储价远远高于国产糖生产成本，也远远高于配额外进口糖成本，这样的高价收储使得国内糖价始终高于国际糖价，并引发食糖大量进口。目前庞大的库存，将继续压制国内糖价。

3. 我国糖业生产效率低

总的来讲，糖料作物种植及企业制糖能力都缺乏竞争力。

（四）制糖企业亏损严重

2013/2014 榨季制糖企业亏损严重，兑付农民糖料款出现困难。全国制糖企业累计销售平均价格为 4 633 元/吨，较上制糖期下跌 899 元/吨。全国制糖行业上缴税收 35.1 亿元，同比减少

2.06 亿元。全国制糖工业企业亏损 97.6 亿元。

（五）蔗农收入不断下降

1. 糖料收购价继续下跌

2013/2014 榨季，全国糖料价格与 2012/2013 榨季相比继续回落，其中，甘蔗平均收购价（地头收购价，不含运输及企业对农民各种补贴费用等）为 435 元/吨，同比每吨下跌 34 元，甜菜平均收购价为 478 元/吨，同比每吨下跌 11 元。

2014/2015 榨季，甘蔗收购价进一步下降。2014 年 12 月初，《广西 2014/2015 榨季糖料蔗收购价方案》出台，规定：普通糖料蔗收购首付价定为 400 元/吨，比上榨季下调 40 元/吨。在此基础上，各市根据市情，价格可上下浮动 10 元/吨。柳州每吨普通糖料蔗收购价 410 元与每吨一级白砂糖平均含税销售价格 5 270 元挂钩联动，挂钩联动价系数维持 6%；持续实施优良品种加价 30 元/吨、劣质减价 30 元/吨的政策。北海市以 400 元/吨的糖料蔗收购价与 5 100 元/吨的糖价联动。

湛江甘蔗地头收购价 360 元/吨，对应市场糖价 4 800 元/吨；海南省糖料蔗收购价有两个，分别是 400 元/吨和 380 元/吨，与 5 300 元/吨的糖价联动。

2. 糖农收入下降

全国糖农收入 493 亿元，同比减少 39 亿元。全国制糖企业尚有 22.83 亿元糖料款没有兑付给农民。这主要是由于糖料收购价下调所致。糖料收购价连续三年下调，主要是由于糖价连续三年下跌所连带的。以主产区广西为例，2011/2012 榨季、2012/2013 榨季、2013/2014 榨季的收购价分别为 500 元/吨、

470元/吨和440元/吨；2014/2015榨季的甘蔗收购价仍继续下调，为400元/吨。

（六）食糖的能源属性、金融属性越来越被彰显

国际糖价低位运行，除全球食糖供大于求这一主要因素，还受油价连续下跌、美元升值、巴西货币贬值等因素的影响。

（七）国家调控市场的难度加大

国家储备政策，是国家在加入世贸组织初采取的针对国内单一食糖市场的宏观调控措施，随着国际市场影响的增强，调控难度越来越大、调控成本越来越高，调控效果持续减弱甚或为负。

控制食糖进口也是我国"救市"的政策之一。2013/2014榨季进口总量基本控制在预期内。2014/2015榨季以来，在有关部门的共同努力下，通过严格打击走私、采用配额外食糖进口自动许可登记制度、规范进口糖配额管理、实行糖企行业自律等多种措施，维持了国内糖价8个月稳步回升，走出了连续背离国际糖价走势的独立行情。

国内食糖市场仍然异常脆弱。2015年上半年，我国食糖进口量同比增长66.2%，进口额同比增长41.3%。现行打击走私、进口自动许可登记制度等临时性措施面临越来越大压力，制糖企业面临短期利益诱惑的考验，国内糖价再次出现大跌的风险很大。目前，无论是蔗农还是制糖厂，对国内糖市仍然信心不足，甘蔗种植面积大幅下滑的风险很大。

三、路在何方

（一）根本问题：我国糖业缺乏竞争力、生产效率低

在农业生产方面，糖料作物种植环节的生产效率低，糖料生产成本过高。要提高制糖行业的竞争力，关键是提高糖料生产效率，必须解决长期制约糖料生产效率的良种、水利、机械化和规模种植等根本性问题。

在制糖企业方面，制糖企业升级、行业发展没有上升到战略层面，食糖生产较为短视和粗放，制糖成本高。市场主体最关心的还是价格问题，价格不好找政府，企业亏损了更要找政府。糖料市场的市场化程度不高，至今仍处于政府包干的怪圈中，导致我国食糖生产成本高、价格没有竞争力。在没有外糖"威胁"、没有外糖"侵入"的十多年间，制糖企业在利润丰厚的年景是否注重对食糖生产第一车间——糖料生产的加强和投入，对企业自身的升级、行业发展有没有进行战略研究和长远规划，食糖生产是否存在较为短视、粗放的生产模式，企业的制糖成本到底有多高等问题，仍有待进一步分析和研究。

一旦糖价大跌、利润下滑甚至亏本，企业最先想到的是什么，最关心的是什么？是一味地关心价格的问题、眼下的盈亏问题，一味地依赖政府临时的救市政策，是处于希望抑或就是政府托底、包办着，还是本该顺应市场、去研究整个产业链哪个环节出了问题？

价格不好找政府，出现亏损，更要找政府。而有时，简单的扶持或救市手段只能是貌似缓解了、掩盖了当下的问题，实则是

贻误了发现问题、解决问题的有利时机，所带来的将是对整个产业长远发展的不利影响。

（二）根本出路：必须提升自身的竞争力

1. 我国糖料及食糖生产亟待降低生产成本，提高生产效率

经过近十年的好光景，糖企目前虽处于史上最艰难的时期，但也正是企业找问题、改革增效的好时机，需加速土地流转，促进规模化、机械化的生产进程。不能一有问题就找政府：临时收储等手段都是暂时的、短期的，都不能治本，有时甚至还会掩盖问题的本质，贻误企业挖潜、改进、改革的时机。

要勇于面对，我国糖业最终还是要走提升产业竞争力这条治本之路。虽然这条路走起来会很难、也很漫长，但却是绕不过去的。糖业总须成长、强大，否则，一出问题总希望国家保护，或者一出问题就希望国家能给兜底儿，长此以往，我国糖业在这样的国际竞争中连生存都困难，何谈强大。

2. 我国糖业的根本出路在于必须提升自身的竞争力

要整个产业健康稳步发展，还得想办法从根本上提升自我的产业竞争力，这才是长远的根本的方向。事实上，我国食糖市场、食糖价格，不仅仅是食粮产业自身决定的。一方面，如果国内食糖产品质次价高（或同质价高），那么在客观上就为外糖（质高价廉或同质价低）提供了涌入的机会；另一方面，我国食糖的消费还受淀粉糖等替代品的挤压，如果糖价过高，那么对食糖消费会产生一定的抑制，将促进淀粉糖等替代品的使用。

我国食糖产业自身必须成长、成熟，才能有实力面对国际市场、参与国际竞争。不管愿意不愿意，面对国际先进糖业的竞

争，不断提升我国食糖产业竞争力，才是国内糖企生存并长远发展的希望所在。

产糖商不要再依赖政府扶持

据报道，2015 年 3 月 8 日，印度马哈拉施特拉邦首席部长对糖生产商表示，不要一面对问题，就指望政府能帮助他们脱困。

这位首席部长称，政府承诺通过引入新技术帮助食糖行业提高生产效率，但该行业需要的是 5～10 年的发展路线图，能使自身免受作物收成波动和全球价格趋势的影响。

该首席部长亦表示，政府决定对甘蔗采用微喷和滴流灌溉技术，并将很快发布通知。"不但是制糖业，今后所有行业都不要指望通过政府扶持来生存"，他强调说，联邦和地区政府将帮助制糖业提高产能，使之提高利润。

2014/2015 榨季我国糖料与食糖市场运行新特点

■ 2014/2015 榨季（2014 年 10 月—2015 年 9 月）我国食糖供需当季产不足需、食糖消费继续增长、产需缺口扩大、食糖进口远超配额。我国食糖市场受国际糖市的影响增大。

一、我国食糖市场供需现状

（一）当季产不足需，总供给远大于总需求

1. 我国食糖产量进入减产周期

（1）糖料种植面积大幅下降。受天气和糖料价格下调影响，2014/2015 榨季全国糖料种植面积大幅下降，降幅为 11.3%（图 1），其中甘蔗种植面积降幅 10.4%、甜菜种植面积降幅 21%。甘蔗品种以台糖系列和粤糖系列为主，甜菜品种以德国 KWS 系列、比利时安地系列、瑞士先正达系列为主。

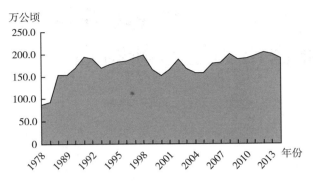

图1　1978年以来我国糖料种植面积波动情况
数据来源:《中国统计年鉴》《中国农业统计资料》。

(2) 甘蔗单产有所下降。2014/2015 榨季甘蔗平均单产降幅为 8.04%，甜菜平均单产增幅为 3.61%。

整个榨季加工糖料 8 834.5 万吨，比上榨季减少 2 440.5 万吨，减幅 21.65%。

(3) 食糖产量在三连增后转为下降。2014/2015 榨季全国食糖产量为 1 055.6 万吨，同比减少 276.2 万吨，减幅为 20.7%。其中，甘蔗糖产量为 981.8 万吨，同比减少 275.4 万吨，减幅为 21.9%；甜菜糖产量为 73.8 万吨，同比减少 0.8 万吨，减幅为 1.1%。居历年产量第九位。

2. 食糖消费继续增长

(1) 食糖消费三连增。2014/2015 榨季我国食糖消费量为 1 510 万吨，比上榨季增加 30 万吨，增幅为 2.0%，但增速放缓。为历年食糖消费总量的第一位。

(2) 食糖消费结构稳定。在我国食糖消费总量中，民用消费占 36%，工业消费占 64%（图2）。

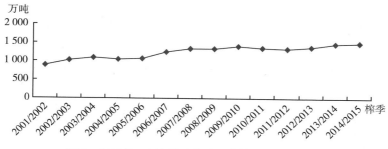

图2 2001/2002 榨季以来我国食糖消费变化走势

（3）**消费量与糖价呈负相关。**消费量继续增长，但增速放缓。2014/2015 榨季糖价虽低位运行，但较 2013/2014 榨季有所上涨。

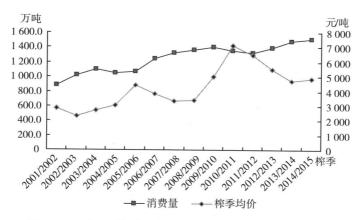

图3 2001/2002 榨季以来我国食糖消费量与价格走势对比

3. 当季产不足需缺口继续扩大

当季产需缺口增长 2.1 倍：2014/2015 榨季我国食糖当季产需缺口为 454.4 万吨，较 2013/2014 榨季增加 306.4 万吨，增幅为 207%。

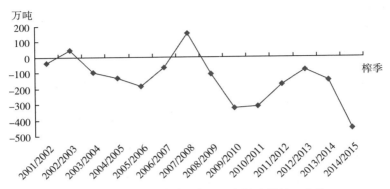

图4 2001/2002榨季以来我国食糖产需缺口变化

4. 一般贸易净进口量连续四个榨季超配额

加入 WTO 后，我国每年食糖进口的配额为 194.5 万吨，配额内关税为 15%，配额外关税为 50%。外糖低价，即便加上关税和损耗，其到岸价也比国内糖便宜。这也是外糖大量涌入国内市场的主要原因。大量的进口糖导致并加剧了我国食糖市场供大于求的矛盾。2011/2012 榨季、2012/2013 榨季、2013/2014 榨季的一般贸易净进口量分别是 410.5 万吨、346.1 万吨和 348.2 万吨，分别是配额的 2.1 倍、1.78 倍和 1.79 倍。

但可喜的是，食糖进口在连续三个榨季超过缺口后，迎来第一次小于缺口。2014/2015 榨季一般贸易方式净进口食糖 310.3 万吨，同比下降 10.9%，是配额的 1.60 倍。主要是由于在全国原糖进口加工企业开展行业自律的基础上，国家将关税配额外食糖进口纳入了自动进口许可登记管理货物目录，食糖进口管理加强，原糖进口得到了较为有效的管理。

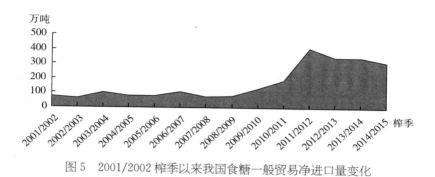

图5 2001/2002 榨季以来我国食糖一般贸易净进口量变化

（二）我国食糖库存大幅下降

2014/2015 榨季，我国食糖产量大幅下降，一般贸易净进口量大幅下降，消费量持平略涨，使得食糖在 2013/2014 榨季库存创历史新高后大幅下降。

2013/2014 榨季的食糖总供给，仅国内总产量 1 332 万吨加上一般贸易净进口量 348.2 万吨，就达到 1 680.2 万吨，远大于 1 480 万吨的国内总消费量，多出 200 万吨；再加上期初库存等，2013/2014 榨季末我国食糖库存继续扩大、突破 900 万吨，再创历史新高。

2014/2015 榨季的食糖总供给中，国内总产量 1 055.6 万吨加一般贸易净进口量 310.3 万吨，达 1 365.9 万吨，国内的消费总量为 1 510 万吨，144.1 万吨的缺口应该是对减少库存的实际贡献。但库存量仍巨大，达 800 万吨以上。

根据各糖料主产区情况汇总，2015/2016 榨季，我国食糖产量将继续下降，预计在 1 000 万吨左右，净进口量与 2014/2015 榨季持平，消费量将继续保持增长。鉴于此，2015/2016 榨季我国食糖库存将进一步得到消减。

二、我国食糖市场运行新特点

(一) 国际、国内价差继续扩大

2014/2015 榨季国际、国内价差再次扩大；庞大的库存及低价的国际糖，仍是压在我国食糖市场上的两座大山。

1. 国际糖价每月都比国内糖价低

2014/2015 榨季，国际糖（配额内的）到岸价，每月都比国内糖价低（表 1）。

表 1　2014/2015 榨季各月国内外食糖价差

单位：元/吨

时间	巴西原糖到岸价与国内糖批发价价差
2014 年 10 月	－195.5
2014 年 11 月	－319.0
2014 年 12 月	－420.1
2015 年 1 月	－711.0
2015 年 2 月	－1 101.0
2015 年 3 月	－1 433.0
2015 年 4 月	－1 806.6
2015 年 5 月	－1 973.0
2015 年 6 月	－2 130.2
2015 年 7 月	－1 890.3
2015 年 8 月	－1 816.6
2015 年 9 月	－2 022.0

2. 价差较 2013/2014 榨季扩大

2014/2015 榨季国内外食糖价差最大的月份（2015 年 9 月）每吨比国内低 2 022.0 元；价差最小的月份（2014 年 11 月）每吨比国内低 319.0 元。

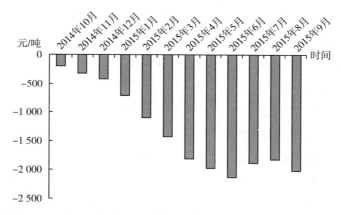

图 6　2014/2015 榨季巴西原糖到岸价与国内糖价价差变化走势

（二）制糖企业实现大幅减亏

2014/2015 制糖期，全国制糖工业企业食糖累计销售平均价格为 4 945 元/吨，全国制糖行业实现销售收入 549 亿元，税金 29.1 亿元，全国制糖工业企业亏损 18.7 亿元，同比上制糖期减少 78.9 亿元，减亏效果显著。受益于行业自律，全国原糖进口加工企业效益也明显好转，实现了扭亏为盈。

（三）蔗农收入下降

1. 糖料收购价继续下跌

2014/2015 榨季甘蔗收购价进一步下降。2014 年 12 月初，

《广西2014/2015榨季糖料蔗收购价方案》出台，规定：普通糖料蔗收购首付价定为400元/吨，比上榨季下调40元/吨。在此基础上，各市根据市情，价格可上下浮动10元/吨。柳州每吨普通糖料蔗收购价410元与每吨一级白砂糖平均含税销售价格5 270元挂钩联动，挂钩联动价系数维持6%；持续实施优良品种加价30元/吨、劣质减价30元/吨的政策。北海市以400元/吨的糖料蔗收购价与5 100元/吨的糖价联动。

湛江甘蔗地头收购价360元/吨，对应市场糖价4 800元/吨；海南省糖料蔗收购价有两个，分别是400元/吨和380元/吨，与5 300元/吨的糖价联动。

2. 糖农收入下降

2014/2015榨季糖农收入385亿元，同比继续下降。2014/2015榨季全国制糖企业尚有近10亿元糖料款没有兑付给农民。这主要是由于糖料收购价下调所致。糖料收购价连续四年下调，主要是由于糖价连续四年下跌所连带的。以主产区广西为例，2011/2012榨季、2012/2013榨季、2013/2014榨季、2014/2015榨季的收购价分别为500元/吨、470元/吨、440元/吨和400元/吨。

（四）糖价受能源价格、美元涨跌的影响明显

受全球食糖供大于求、国际油价连续下跌、美元升值、巴西货币贬值等多重因素的影响，国际糖价低位运行。

（五）国家调控市场的难度加大

我国在入世初，采取了针对国内单一食糖市场的宏观调控措

施——国家储备政策。随着国际市场对我国糖市影响的加大，该
措施也逐渐失去了往日的效果。

国家储备政策

　　我国食糖储备制度建立于 1991 年，国家每年收购或投
放一定数量的储备糖来平衡市场，稳定糖价。收储主要以进
口古巴原糖全部入库，以及向国内生产经销企业收储成品糖
的方式进行。收储和投放的数量及价格根据当年的国内市场
供求形势一年一定。

2015/2016 榨季我国糖料与食糖市场回顾与展望

一、扭转了连续三个榨季亏损的局面

1. 产量大幅下降，食糖市场产不足需

2015/2016 榨季，我国食糖产量下降至 870.2 万吨，同比减185.41 万吨，减幅 17.6%，是三连增后的第二次减产（图1）。

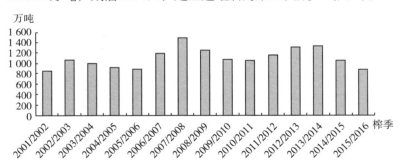

图1　2001/2002 榨季以来我国食糖产量变化

2015/2016 榨季，国际食糖供求由此前连续 5 个榨季产需过剩逆转为产不足需，纽约原糖期货价格大幅上涨，并在榨季末创出 23.6 美分/磅的 4 年多新高，最终报收于 22.56 美分/磅，同

比上涨 84.6%，最高涨幅 93.4%。

2. 食糖进口大幅下降

2015/2016 榨季，食糖进口量下降至 372.9 万吨，比上榨季减少 108.3 万吨，减幅为 22.5%（图 2）；净进口为 357.4 万吨，比上榨季减少 117.8 万吨，减幅为 24.8%。是两连增后的首次下降。

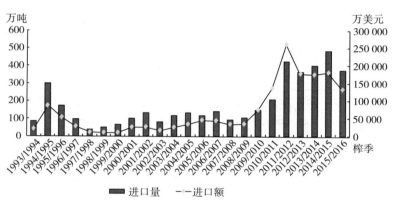

图 2　1993/1994 榨季以来我国食糖进口量和进口额的变化

3. 当季产需缺口扩大

产量下降，进口量下降，导致我国食糖当季供给大幅下降，当季产需缺口扩大。至此连续扩大了三个榨季（图 3）。

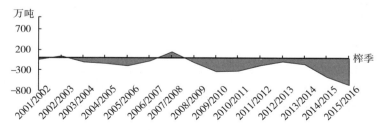

图 3　2001/2002 榨季以来我国食糖当季产需缺口变化

27

4. 国内糖价大幅上涨

国际食糖榨季均价在四连跌后，迎来了首次大幅上涨，每磅16.5 美分，比 2014/2015 榨季每磅涨 3.1 美分，涨幅为 22.9%。

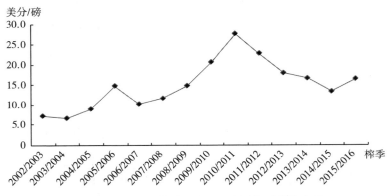

图 4　2002/2003 榨季以来国际食糖榨季均价变化

受国际糖价大幅上涨的影响，国内糖价大幅上涨至 5 457 元/吨，比上榨季增加 579 元/吨，增幅 11.9%，是三连降后的第二次上涨（图 5）。

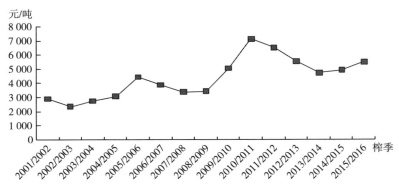

图 5　2001/2002 榨季以来我国糖价走势

5. 国内食糖消费量增速放缓

食糖价格的上涨，使得我国食糖消费量增速放缓，为 1 520
万吨，同比增加 10 万吨，增幅 0.7%（图 6）。

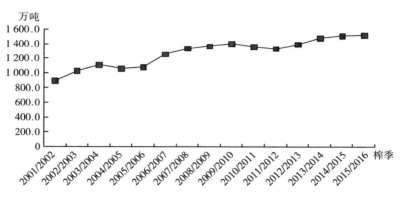

图 6　2001/2002 榨季以来我国食糖消费走势

6. 国家宏观调控力度加大，制糖企业扭亏为盈

国家宏观调控力度不断加强，甘蔗和甜菜的收购均价每吨分
别上调 30 元和 19 元。

制糖企业全行业实现盈利 9.1 亿元，扭转了三个制糖期连续
亏损的局面，促进了糖料款的兑付。

二、2016/2017 榨季有望继续向好

预计食糖产量将大幅增长。市场普遍预期全球食糖产量供求
维持产不足需，预计印度和泰国等国家或地区食糖产量下降，欧
盟、中国和俄罗斯等国家或地区食糖产量上升，以及全球食糖产
量增长，但是，不足以弥补全球食糖消费增加。

随着商务部对进口食糖进行保障措施立案调查工作的推进、行业自律、食糖走私打击力度的加大以及全球食糖产不足需、国际糖价继续上涨（预计 2016/2017 榨季国际食糖均价区间为 18～23 美分/磅）等，食糖进口存在继续下降的可能。

因此，食糖当季供给仍偏紧，糖价继续上涨的可能性较大，预计均价区间为 6 400～6 800 元/吨。会导致淀粉糖等替代品消费的增加，食糖消费将有所下降，预计为 1 500 万吨。

三、存在的问题及建议

2016 年 12 月，经云南陇川县调研发现，蔗区存在的具有代表性的一些问题包括：一是蔗区基础设施薄弱。有效灌溉面积少；蔗区道路大部分为制糖企业修建、维护，几年来食糖市场低价运行，制糖企业效益不佳，维护能力弱，大多数路段为晴通雨阻。二是甘蔗新品种更新缓慢。主栽品种连续种植十多年，导致投入大、单产下降。三是劳动力成本攀升，机械化作业程度低，甘蔗生产成本高。陇川县劳动力成本约占生产成本的 44%，旱地约占 60%。四是比较效益低，难保现有面积。大户效益明显好于散户，但规模种植较难推进。只有当制糖企业有合理利润时，才能持续地把糖料生产当作第一车间去重视。

食糖产业涉及工、农、商等多个行业，其中农业是最基础的一环。从宏观层面看，各部门的工作目标是一致的，即希望糖农增收、糖企增效、消费者得价格合理的放心产品；国家希望市场平稳、有序运行。

农业部门最关心的是糖农收入的稳定及增加。要实现这一目标，一方面，国家需继续加大对农业的投入，改善农田水利基本建设，推广良种良法，因地制宜开展适度规模经营，提高机械作业水平，降低糖料生产成本。另一方面，须保证制糖企业有长期的合理的利润，唯如此，企业才有能力持续地支持、反哺糖农，扶持、引导糖料生产的发展，才能持续地把糖料生产作为企业的第一车间去重视，把糖农当作自己的准员工去关注、扶持和引导。制糖企业的发展、壮大，是糖农收入的有力支撑和保障，也有利于边疆地区的稳定与发展。

2016/2017 榨季我国糖料与食糖市场回顾与展望

2016/2017 榨季（2016 年 10 月—2017 年 9 月）我国食糖产量恢复性增长，进口规模得到合理控制，国内糖价大幅上涨，糖农收入得到有效保障，但制约我国食糖产业发展的瓶颈问题依然存在，调控政策面临较大压力，食糖走私威胁严重，迫切需要弥补食糖产业"短板"，发挥政策合力，继续严厉打击走私，维护食糖市场平稳运行。

一、2016/2017 榨季国内食糖产业运行情况

（一）产量恢复性增长

据农业部市场预警专家委员会发布的食糖供需平衡表，2016/2017 榨季，全国糖料种植面积 2 093.65 万亩，同比减少 41.28 万亩，减幅 1.9％；食糖产量 928.82 万吨，同比增加 58.63 万吨，增幅 6.7％，是连续两年下滑后首次增长。食糖产量恢复性增长，主要原因是糖料单产提高。据中国糖业协会调查，2016/2017 榨季，我国甘蔗平均单产 4.12 吨/亩，甜菜单产 3.68 吨/亩，同比分别增加 0.1 吨/亩和 0.09 吨/亩；加工糖料

7 801.6 万吨，同比增加 283.1 万吨。

（二）消费稳中略降

2016/2017 榨季，全国食糖消费量 1 490 万吨，同比减少 30 万吨，结束了自 2011/2012 榨季以来的连续增长势头。消费量减少主要是由于玉米价格下跌提升了淀粉糖的竞争力，对食糖的替代增加，加之轻甜快消产品趋于流行，食糖消费市场有所疲软。但从长期看，2016/2017 榨季我国人均食糖消费量仅为 10.9 千克，不及世界平均水平的一半，随着经济发展和人民生活水平提升，食糖消费增长仍有较大潜力。

（三）进口大幅减少

2016/2017 榨季，我国共进口食糖 229 万吨，同比减少 144 吨，减幅 38.6%；出口 12 万吨，同比减少 3 万吨，减幅 20%。食糖进口量大幅减少有两方面原因，一是食糖自动进口许可管理政策与行业自律继续实施，有助于规范市场主体进口行为，调控食糖进口总量与节奏；二是 2017 年 5 月 22 日，商务部裁定进口食糖数量增加与中国食糖产业受到严重损害之间存在因果关系，决定对关税配额外进口食糖征收保障措施关税，提高了食糖进口成本，削弱了进口糖的竞争力。

（四）价格快速上涨

2016/2017 榨季，国内食糖价格大幅上涨，年度均价 6 570 元/吨，同比涨 1 113 元，涨幅 20.4%。价格上涨的原因有四：一是食糖进口量大幅减少，导致国内食糖供需缺口扩大。二是甘蔗收购价上涨，导致制糖成本增加。2016/2017 榨季甘蔗平均收购价格 497 元/吨，同比提高了 49 元。三是国际糖价同比上涨带动。2016/2017 榨季国际食糖均价 17.39 美分/磅，同比上涨 5.3%。四是国内宏观调控力度加强，有效维护了市场秩序，提振了行业信心。

二、当前食糖产业发展面临的突出问题

（一）产业竞争力偏弱

我国是世界食糖生产大国、消费大国、进口大国，但与巴西、泰国等世界主要产糖国相比，我国食糖产业基础偏弱，诸多瓶颈亟须突破。一是糖料种植成本居高不下，缺少经济适用的农机具，糖料种植整体机械化程度较低；二是甘蔗品种单一且老化，综合性状下降，甜菜品种高度依赖国外种业集团；三是制糖企业生产技术与装备水平落后，管理水平与经营方式较为粗放，生产效率低下。产业竞争力弱的最直接表现就是国内外糖价严重倒挂，2016/2017 榨季我国食糖均价比配额内（15%关税）进口食糖到岸税后均价每吨高 2 022 元，高 44.5%，比配额外（50%关税）进口均价每吨高 745 元。

（二）调控政策缺乏可持续性

为了支持食糖产业发展，近年来国家先后出台了自动进口许可管理、贸易保障措施等政策，并支持中国糖业协会开展行业自律，为糖业发展提供了有力支撑，但这些政策缺乏可持续性，执行过程中面临较大压力。2017 年出台的贸易保障措施，虽然分

三年对配额外进口食糖征收 45％、40％、35％ 的保障措施关税，但据测算，只有在国际糖价高于 15 美分/磅的时候，保障措施关税才能弥补国内外食糖价差，遏制低价糖涌入。目前国际糖价已经跌破 15 美分/磅，从理论上讲贸易保障措施已无法发挥作用。

（三）食糖走私威胁依然存在

由于国内外食糖价差大，食糖走私有进一步抬头的现象，走私行为也不断变异。前期食糖走私多集中在云南、广西等边境地区，通过陆地进入我国，但在国家严打走私之下，走私分子开始驾船到福建、广东等东南沿海地区，通过海路进入我国。如果走私糖无法有效遏制，将对我国食糖市场秩序造成极大干扰，使有关调控政策的效果大打折扣。

三、促进食糖产业发展的对策建议

（一）综合施策提升产业基础竞争力

一是支持加快糖料机械研发和应用，引导土地流转，提升糖料种植机械化和规模化水平。二是加大糖料良种研发和推广的支持力度，加强良种繁育体系建设，并开展技术培训服务，促进新品种推广应用。三是推动制糖行业合并重组，淘汰落后产能，促进行业提质增效。

（二）加强调控政策落实与衔接

一是贯彻落实好食糖保障措施，做好食糖自动进口许可管理工作，坚持并完善行业自律，加强部门协调，发挥政策合力。二是强化国内外市场监测预警，及时研判市场运行中的苗头性、倾向性问题，提前制定应对措施。三是适时开展政策效果评估，不断修订和完善调控政策。

（三）继续严厉打击食糖走私行为

加强对非设关地走私的打击力度，实行地方政府责任制。在主产省区和东南沿海地区加强边防、公安、铁路、质检等部门的联合执法工作。加大对销售、使用走私糖企业的处罚力度，支持推进糖业防伪溯源体系建设，为政府执法提供有力技术支撑。

2018/2019榨季我国糖料与食糖市场回顾与展望

2018/2019榨季，是国内食糖产量连续增长的第三个榨季，食糖消费量持平略增，食糖进口量大幅增长，食糖价格下跌明显，国内外价差有所缩小。

一、2018/2019榨季回顾

（一）食糖产量小幅上涨

2018/2019榨季，我国糖料种植面积2 161.13万亩，同比增加97.15万亩，增幅4.71%。其中，甘蔗种植面积1 809.28万亩，同比增加8.43万亩，增幅0.47%；甜菜种植面积351.85万亩，同比增加88.73万亩，增幅33.72%。广西、云南、海南、黑龙江糖料种植面积小幅增加，内蒙古糖料种植面积增幅较大；广东、新疆糖料种植面积小幅下跌。

2018/2019榨季，我国食糖产量1 076.04万吨，同比增加45万吨，增幅4.36%。其中，甘蔗糖产量944.5万吨，同比增加28.43万吨，增幅3.10%；甜菜糖产量131.54万吨，同比增加16.57万吨，增幅14.41%。其中，甘蔗糖占87.78%，甜菜糖占 12.22%。

2018/2019 榨季，我国甘蔗平均单产 4.64 吨/亩，同比增加 0.19 吨/亩，甜菜平均单产 3.63 吨/亩，同比减少 0.05 吨/亩；我国甘蔗平均含糖分 13.42%，同比下降 0.12 个百分点，甜菜平均含糖分 14.97%，同比下降 0.22 个百分点；糖料入榨量 9 199 万吨，同比增加 503 万吨，增幅 5.78%。

（二）食糖消费量持平略增

据中国糖业协会统计显示，2018/2019 榨季，我国食糖消费量 1 520 万吨，同比增加 10 万吨，增幅 0.66%。近年来，我国食糖消费稳中趋增，主要是受人口增、城镇化速度加快等因素的影响。

2018/2019 榨季我国食糖消费仍以工业消费为主，工业消费占 57.5%，同比下降 0.5 个百分点；民用消费占 42.5%，同比提高 0.5 个百分点。这主要是由于食糖在甜味剂市场上受到低价淀粉糖的竞争，而在民用消费领域由于价格弹性较小，消费需求则较为稳定。

（三）食糖进口大幅增长

2018/2019 榨季国际国内价差继续扩大，我国食糖进口量继续增长。2018/2019 榨季我国食糖进口量为 323.6 万吨，较上榨季增长 33.4%；进口额为 10.8 亿美元，同比增长 13.8%。累计出口食糖 19.2 万吨，同比增加 0.8 万吨，增幅 4.35%。2018/2019 榨季我国食糖进口来源国相对集中，排前 5 位的国家依次为巴西（占51.4%）、泰国（占 15.6%）、古巴（占 13.2%）、韩国（占

17.3%)、萨尔瓦多（占 9.7%）。从这五国进口的食糖量占我国食糖进口总量的 88.6%，进口额占我国食糖进口总额的 88.8%。

（四）国内糖价明显下跌

2018/2019 榨季前期，由于国际食糖价格低迷、国内市场信心不足，国内食糖价格持续下行；后期，受新榨季食糖产量预估下降、消费支撑以及打击食糖走私效果显著等因素综合影响，食糖价格稳步回升。2018/2019 榨季，国内食糖均价 5 253 元/吨，同比下降 395 元/吨。受国内食糖价格下行影响，制糖行业亏损延续，根据中国糖业协会的统计，2018/2019 榨季全国制糖行业亏损 43 亿元，同比增加 23.8 亿元。

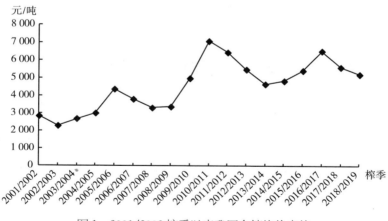

图 1　2001/2002 榨季以来我国食糖均价走势

（五）国际、国内价差有所缩小

2018/2019 榨季，国际糖（配额内 15%关税后）到岸价每月

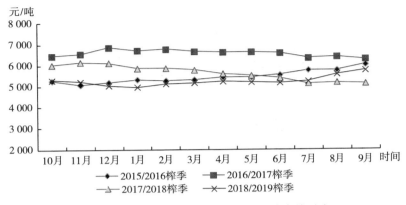

图 2　近四个榨季以来国内食糖月均价走势对比

都比国内低；国际、国内食糖月均差价为 1 848 元/吨，比上榨季每吨缩小 427 元（2017/2018 榨季月均差价为 2 275 元/吨）。价差缩小的原因主要是国内糖价的跌幅大于国际糖价的跌幅。

二、2019/2020 榨季市场走势预测

（一）产量略降

据 2019 年 12 月中国食糖供需平衡表，预计 2019/2020 榨季糖料种植面积 2 134.5 万亩，同比下降 26.63 万亩，减幅 1.23%；食糖产量 1 062 万吨，同比减少 14.04 万吨，减幅 1.30%。

（二）消费持平

据 2019 年 12 月中国食糖供需平衡表，预计 2019/2020 榨季中国食糖消费量 1 520 万吨，同比持平。

我国人均食糖消费量不到世界平均水平的一半，有较大的增

长空间。随着人口规模的扩大和城镇化水平的提升，我国食糖消费将会进一步增长，国内糖价下跌也有利于食糖消费的增长。

（三）进口有所增长

我国食糖进口受国内供需关系、国内外食糖价差、国内宏观政策、国际油、气候等多重因素影响。2019/2020 榨季，预计我国食糖产量稳中有降，消费量持平略增，导致食糖产需缺口将进一步增大。2020 年 5 月份贸易保障措施关税到期后能否延续、是否有新政策出台，这些都将影响我国食糖进口。较大价差的存在，使得我国 2019/2020 榨季的食糖进口压力仍较大。

（四）国内糖价有回暖的可能

据 2019 年 12 月中国食糖供需平衡表，预计 2019/2020 榨季国内糖价在 5 300～5 800 元/吨运行。

2019/2020 榨季，国内食糖价格有望止跌回升，主要是国内食糖产不足需的基本面为糖价提供了支撑，对食糖走私的有效打击，有利于食糖市场稳定；国际食糖产需缺口不断上调，有助于糖价回暖。

2019/2020 榨季我国糖料与食糖市场回顾与展望

2019/2020 榨季，全国共有 49 家制糖企业（集团）开工生产，其中甜菜糖企业（集团）7 家、制糖厂 33 家，甘蔗糖企业（集团）42 家、制糖厂 159 家；原糖加工企业 16 家。

2019/2020 榨季历时 287 天，比上榨季多生产 43 天。

一、2019/2020 榨季行业运行特点

（一）糖料种植面积小幅下跌

2019/2020 榨季全国糖料种植面积 2 070.33 万亩，比上榨季减少 4.2%，其中甘蔗种植面积 1 747.63 万亩，比上榨季减少 3.41%；甜菜种植面积 322.71 万亩，比上榨季减少 8.28%。

糖料收购价持平略涨。2019/2020 榨季，甘蔗平均收购价格（地头价，不含运输及企业对农民各种补贴费用等，下同）为 489 元/吨，比上榨季每吨上涨 9 元，甜菜平均收购价格 499 元/吨，比上榨季每吨上涨 5 元。

（二）食糖产量小幅下降

2019/2020 榨季加工糖料 8 136 万吨，食糖产量 1 042 万吨，

比上榨季减少35万吨，减幅3.21%，其中甘蔗糖产量占全国食糖总产量的86.63%，为902.23万吨，比上榨季下降4.48%；甜菜糖产量占全国食糖总产量的13.3%，为139.28万吨，比上榨季增长5.88%。

（三）食糖消费持平略增

2019/2020榨季全国食糖消费量1 530万吨，比上榨季增加10万吨；人均食糖消费为10.93千克。食糖消费结构有变化，其中民用消费为45.5%，工业消费比例为54.5%。

（四）食糖价格上涨

据农业农村部食糖监测预警小组计算，2019/2020榨季食糖均价5 561元/吨，比上榨季上涨312元/吨，涨幅6%。

中国糖业协会2019/2020榨季食糖价格指数5 712元/吨，比上榨季上涨275元/吨，涨幅5.06%。

全国制糖企业（集团）2019/2020榨季成品糖累计平均销售价格5 524元/吨，比上榨季上涨了277元/吨，增幅5.3%。

（五）蔗农收入基本稳定，企业扭亏为盈，财政税收稳定

2019/2020榨季全国制糖行业销售收入642亿元，利润9.6亿元，财政税收18.7亿元，蔗农收入基本稳定。

（六）食糖进口增长、价差扩大

2019/2020榨季，我国累计进口食糖约377.51万吨，同比增长16.7%。国际糖到岸价每月都比国内低，价差较上榨季扩

大（表1）。

表1 2019/2020榨季我国糖价与原糖进口到岸价对比

单位：元/吨

时间	国内糖价	配额内巴西糖（15％关税）		配额外巴西糖（50％关税）	
		到岸价	价差	到岸价	价差
2019年10月	5 889	3 366	−2 523	4 284	−1 605
2019年11月	5 820	3 362	−2 458	4 279	−1 541
2019年12月	5 610	3 571	−2 039	4 551	−1 059
2020年1月	5 720	3 788	−1 932	4 834	−886
2020年2月	5 754	3 968	−1 786	5 069	−685
2020年3月	5 695	3 401	−2 293	4 330	−1 365
2020年4月	5 499	2 873	−2 627	3 640	−1 859
2020年5月	5 401	3 042	−2 359	3 861	−1 540
2020年6月	5 425	3 281	−2 145	4 172	−1 253
2020年7月	5 288	3 246	−2 041	4 128	−1 160
2020年8月	5 224	3 430	−1 794	4 367	−857
2020年9月	5 417	3 343	−2 075	4 253	−1 164

　　2019/2020榨季，国际糖价大幅波动。受新型冠状病毒肺炎疫情影响，全球食糖供求平衡出现逆转。原油价格快速大幅下跌和巴西货币创纪录贬值，导致巴西大幅提高产糖用蔗比，巴西食糖产量大幅增加，与此同时，食糖消费增长受到拖累，全球食糖产消由此前预期的大幅缺口转为基本平衡。受此影响，纽约原糖期货价格在2020年2月中旬达本榨季最高后快速大幅下跌，并于2020年4月末创本榨季最低，也是近13个榨季以来同期最低。随着原油价格企稳反弹和巴西货币贬值步伐放缓，以及食糖

需求逐渐恢复，纽约原糖期货价格震荡反弹，最终报收于 13.1 美分/磅，比榨季初下跌 0.83%，比上榨季末上涨 10.74%。整个榨季，纽约原糖期货价格在 9.05～15.9 美分/磅波动。

（七）主产区基本情况

1. 广西壮族自治区

广西 2019/2020 榨季食糖生产历时 140 天，同比减少 32 天。累计入榨甘蔗 4 579 万吨，同比减少 892 万吨；产混合糖 600 万吨，同比减少 34 万吨；平均甘蔗蔗糖分和产糖率分别达 14.84% 和 13.11%，同比分别提高 1.56 个和 1.52 个百分点，均创历史最高水平。截至 2020 年 9 月底，广西累计销糖 569 万吨，同比减少 32.3 万吨；产销率 94.83%，同比增加 0.74 个百分点。白砂糖累计含税平均售价 5 538 元/吨，同比增加 266 元/吨。

2. 云南省

云南 2019/2020 榨季食糖生产历时 224 天。全省共入榨甘蔗 1 679.81 万吨（去年同期入榨甘蔗 1 625.17 万吨），产糖 216.92 万吨（去年同期产糖 208.01 万吨），其中白砂糖 214.62 万吨、赤砂糖 7 251 吨、红糖 15 791 吨，产糖率 12.91%（去年同期产糖率 12.80%），生产酒精 7.65 万吨（去年同期生产酒精 6.97 万吨）。

2019/2020 榨季，云南省开机糖厂共 50 家（51 条），日榨蔗能力约 18.69 万吨，甘蔗含糖分 14.83%，出糖率 12.91%，白砂糖合格率 100%，白砂糖优级品率 95.13%。

3. 广东省

广东 2019/2020 榨季食糖生产历时 117 天。开榨糖厂 20 家。

甘蔗种植面积 136.73 万亩，实际收获面积 134.63 万亩，共入榨甘蔗 672 万吨，甘蔗单产 4.64 吨/亩，产糖 72.4 万吨，混合产糖率为 11.02%，截至 2020 年 9 月底产销率为 100%。全省甘蔗平均收购价格 434 元/吨，吨糖含税销售成本 5 185 元/月，全省白砂糖平均售价 5 476 元/吨。

4. 内蒙古自治区（含张北地区）

内蒙古自治区（含张北地区）2019/2020 榨季，自 2019 年 9 月 22 起至 2020 年 1 月 30 日结束，历时 130 天；共收购甜菜 561.57 万吨，同比减少 8.43 万吨；产糖 72.5 万吨，同比增加 7.5 万吨。共有 14 家糖厂开机生产，生产能力超过 6.5 万吨/日。

2019/2020 榨季，全区平均菜丝含糖分 15.74%、产糖率 12.99%，分别比上榨季提高 1.09 个、1.39 个百分点；工艺总损失为 2.75%，同比下降 0.30 个百分点。食糖价格维持在 5 500 元/吨以上，比上榨季提高 600～700 元/吨。全行业实现扭亏为盈，实现利润 10 000 万元，上缴税金 12 000 万元。

各制糖企业按照与农户所签的订单，在 2020 年春节前，与农民结清了全部甜菜收购款。2019/2020 榨季行业共支付农民甜菜收购款 30.32 亿元、运费 2 470.9 万元。

5. 新疆维吾尔自治区

2019/2020 榨季，新疆维吾尔自治区甜菜种植面积 105 万亩，同比持平，全自治区 15 家制糖企业共收购甜菜 479 万吨，较上榨季增加 5%，甜菜含糖率约为 14.52%，较上榨季略有下降。产糖 58.28 万吨，较上榨季（55.73 万吨）增长 4.6%，出糖率 12.16%，较上榨季（12.25%）下降 0.09 个百分点。

二、2020/2021 榨季展望

市场预期认为,拉尼娜现象等不利天气或将影响泰国、巴西等食糖主产国(地区)的食糖生产;新型冠状病毒肺炎疫情冲击将继续拖累全球食糖消费的增长,同时增加原油价格及巴西等全球食糖主要出口国的货币波动。除此之外,印度食糖出口补贴政策影响全球食糖贸易平衡。综合来看,全球食糖供求关系存在变数,有可能出现产销缺口,或将支持国际食糖价格震荡重心抬升。英国 Czarnikow 初步预期,全球食糖产量将进一步增长1 541万吨,至1.907 1亿吨左右;全球食糖消费量将增长584万吨,至1.879 1亿吨左右。

据2021年1月中国食糖供需平衡表,预计2020/2021榨季中国食糖产量1 050万吨,同比增加8万吨;食糖消费量1 530万吨,同比增长30万吨;食糖进口量持平,国内糖价在5 200~5 700元/吨区间运行。

第二篇 PART TWO

贸易分析与研究

第二篇

畜禽安全生产技术

我国食糖进出口贸易新特征分析

2011 年之前，我国进口的食糖，基本上是发挥着有效补充国内食糖供需缺口的作用。而"十二五"期间进口糖的性质则发生了根本性的变化，对我国食糖市场（产业）带来了不小的冲击。

一、食糖贸易净进口

从食糖整体贸易（即贸易方式合计）来看，我国从 1994 年起一直为食糖净进口国家。

就一般贸易方式看，1994 年以来也基本是净进口格局，仅在三年里有少量的净出口。据海关发布以一般贸易方式进口到我国的食糖数据计算可知，自 1994 年以来，仅在 1994 年、1998 年和 1999 年有少量的食糖净出口，分别为 0.82 万吨、2.5 万吨和 0.76 万吨，其他年份均为食糖净进口年份（图 1）。

二、2011 年我国食糖进口首次突破配额

2011 年是"十二五"开局第一年，在这一年自有进口食糖

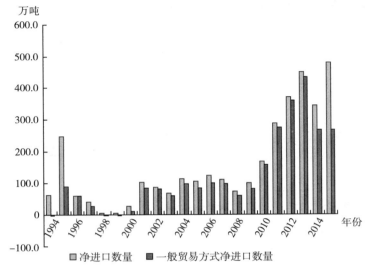

图1　1994年以来我国食糖（贸易方式合计）
净进口及一般贸易方式净进口变化

配额以来，我国食糖进口量首次突破进口配额，且呈扩大的走势，贯穿"十二五"始终（表1、表2）。

表1　2011—2015年我国食糖进出口贸易情况

单位：万吨，亿美元

年份	进口数量	出口数量	净进口数量	进口金额	出口金额	净进口金额
2011	291.96	5.94	286.02	19.43	0.51	18.92
2012	374.74	4.71	370.02	22.44	0.43	22.01
2013	454.59	4.78	449.81	20.68	0.42	20.26
2014	348.61	4.62	343.99	14.94	0.38	14.56
2015	484.62	7.50	477.12	17.74	0.47	17.27

表2　2011—2015 年我国食糖（贸易方式总和）净进口数量

及一般贸易方式净进口数量情况

单位：万吨，%

年份	贸易方式总和		一般贸易方式	
	净进口数量	净进口数量占配额的比例	净进口数量	净进口数量占配额的比例
2011	286.02	147.1	274.90	141.3
2012	370.02	190.2	359.22	184.7
2013	449.81	231.3	433.37	222.8
2014	343.99	176.9	264.97	136.2
2015	477.12	245.3	264.67	136.1

注：我国食糖进口配额为 194.5 万吨。

2011 年，我国食糖进口主要以一般贸易（276.69 万吨）为主（表3），占进口总量的 94.8%，进料加工占 4.5%。

表3　2011—2015 年我国食糖一般贸易方式进出口情况

单位：万吨，亿美元

年份	进口数量	出口数量	净进口数量	进口金额	出口金额	净进口金额
2011	276.69	1.79	274.90	18.30	0.23	18.06
2012	360.86	1.64	359.22	21.52	0.22	21.30
2013	434.85	1.48	433.37	19.61	0.19	19.41
2014	266.36	1.39	264.97	11.51	0.16	11.35
2015	265.76	1.09	264.67	10.02	0.13	9.89

2011 年巴西为我国进口食糖最多的国家，占我国食糖进口总量的 68.2%。其次是古巴、泰国、韩国、菲律宾、澳大利亚等国家（地区）。

2011 年我国进口糖数量居首位的省份是山东，其次是辽宁、天津、广东、北京等省（自治区、直辖市）。

三、2015 年我国食糖进口量再创历史新高

2015 年我国食糖进口量居历史第一位。

2015 年，我国食糖进口主要以一般贸易为主，占进口总量的 54.8%（比重大幅下降）、保税仓库进出境货物占 38.2%（比重大幅上升）。

2015 年，我国从巴西进口的食糖最多，占全国进口量的 56.6%，其次是泰国、古巴、澳大利亚等国家（地区）。

2015 年，我国进口糖数量居首位的是山东，占全国进口量的 29.3%，其次是辽宁、广东、福建等省（自治区、直辖市）。

四、"十二五"期间食糖大量进口的原因

影响我国食糖进口的主要因素包括国内食糖产需缺口、国际食糖产需过剩情况、国内外食糖价差、汇率的波动、升贴水的变化、油价的涨跌等。

1. 巨大的食糖价差

连续五个榨季全球食糖供给过剩，致使国际糖价持续低位运行。国际低价糖对我国食糖市场带来了巨大的冲击。2011 年以来持续的巨大价差，是我国食糖进口的最大诱因。"十二五"期间，国际糖进口到岸完税价仅仅只有 5 个月比国内高，其他 55 个月都比我国食糖批发市场价格指数低，进口糖利润可观。"十

二五"期间，每年的月均差价分别是：2015 年 1 586.2 元/吨，2014 年 275.3 元/吨，2013 年 896.0 元/吨，2012 年 733.0 元/吨，2011 年 313.8 元/吨。价差最大的月份是 2015 年 6 月，为 2 130元/吨。

2. 宏观调控手段的单一与不足

2011/2012 榨季、2012/2013 榨季，国家连续大量、高价地进行收储，远高于当时的国际糖价，也高于当时的国内市场价。这使得低价的进口糖、走私糖伺机大量入境，对我国食糖市场带来了巨大的冲击，使得我国食糖库存飙升。"十二五"期间，在供求"严重"失衡的大背景下，对于配额外的进口、走私糖的入境，缺乏更有效的调控手段和强有力的打击办法。

2014/2015 榨季我国食糖进出口贸易分析

2014/2015 榨季，我国食糖一般贸易净进口 310.3 万吨，同比下降 10.9％；国际国内价差较上榨季扩大；庞大的库存及低价的进口糖，仍是压在我国食糖市场上的两座大山。

一、食糖进口增长

2014/2015 榨季我国食糖进口量为 481.2 万吨，同比增长 19.6％；进口额为 18.2 亿美元，同比增长 3.2％。

2014/2015 榨季，我国食糖净进口量为 475.3 万吨，同比增长 19.5％；净进口额为 17.7 亿美元，同比增长 3.2％（图1）。

二、食糖进口月份较分散

2014/2015 榨季月度进口量占榨季进口总量 10％以上的月份有 5 个，分别是 2015 年 3 月、4 月、5 月、7 月和 9 月（表1、图2）。

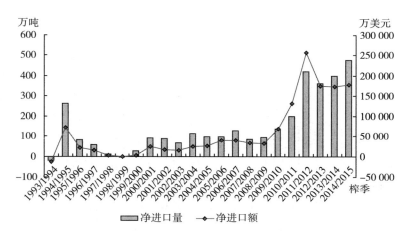

图1　1993/1994 榨季以来食糖净进口量和净进口额变化

表1　2014/2015 榨季各月食糖进口情况

单位：吨,%

月份	进口量	各月所占比重
2014 年 10 月	416 428.0	8.7
2014 年 11 月	303 952.0	6.3
2014 年 12 月	361 879.3	7.5
2015 年 1 月	385 347.9	8.0
2015 年 2 月	123 912.9	2.6
2015 年 3 月	490 545.2	10.2
2015 年 4 月	550 509.7	11.4
2015 年 5 月	522 863.6	10.9
2015 年 6 月	239 673.5	5.0
2015 年 7 月	485 027.4	10.1
2015 年 8 月	275 702.8	5.73
2015 年 9 月	656 224.3	13.64
榨季合计	4 812 066.4	100.0

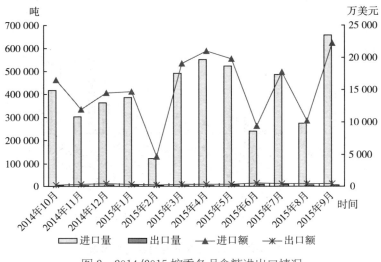

图 2   2014/2015 榨季各月食糖进出口情况

三、食糖一般贸易净进口下降

1. 一般贸易方式进口的食糖占我国食糖进口总量的 64.7%

2014/2015 榨季,我国一般贸易进口食糖 311.4 万吨,占进口总量(481.2 万吨)的 64.7%(同比减少 22.2 个百分点)。

2. 一般贸易净进口量连续 4 个榨季超配额

2014/2015 榨季,一般贸易方式净进口食糖 310.3 万吨(2011/2012 榨季,410.5 万吨;2012/2013 榨季,346.1 万吨;2013/2014 榨季,348.2 万吨),同比下降 10.9%,是配额的 1.60 倍(2011/2012 榨季,2.1 倍;2012/2013 榨季,1.78 倍;

2013/2014 榨季，1.79 倍）（图 3）。

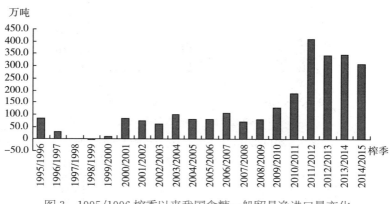

图 3　1995/1996 榨季以来我国食糖一般贸易净进口量变化

3. 一般贸易方式净进口的食糖大幅下降

在全国原糖进口加工企业开展行业自律的基础上，国家将关税配额外食糖进口纳入了自动进口许可管理货物目录，食糖进口管理加强，原糖进口得到了较为有效的管理。

四、食糖进口来源国较集中

2014/2015 榨季，我国食糖进口来源国排前 5 位的国家依次为巴西、泰国、古巴、危地马拉和澳大利亚，其中从巴西进口的食糖占我国食糖进口总量的 52.6%，进口额占我国食糖进口总额的 50.2%（图 4 至图 8）。从这五国进口的食糖量占我国食糖进口总量的 93.7%，进口额占我国食糖进口总额的 92.1%（表 2）。

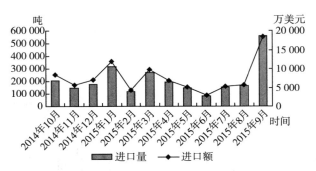

图 4   2014/2015 榨季各月从巴西进口食糖情况

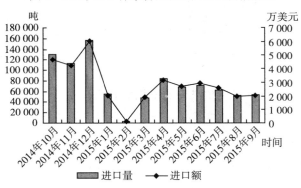

图 5   2014/2015 榨季各月从泰国进口食糖情况

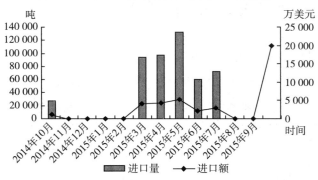

图 6   2014/2015 榨季各月从古巴进口食糖情况
注：2015 年 1—2 月未从古巴进口食糖。

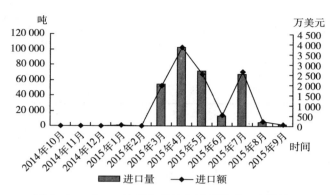

图 7　2014/2015 榨季各月从危地马拉进口食糖情况

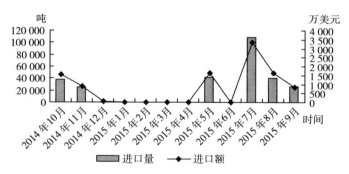

图 8　2014/2015 榨季各月从澳大利亚进口食糖情况

表 2　2014/2015 榨季我国食糖主要进口来源国进口量和进口额对比

单位：万吨，万美元，%

国家	进口量	进口量所占比重	进口额	进口额所占比重
总量（额）	481.2		181 843.6	
巴西	252.9	52.6	91 309.8	50.2
泰国	89.8	18.7	34 416.7	18.9
古巴	48.4	10.1	19 934.1	11.0
危地马拉	31.8	6.6	11 863.6	6.5

（续）

国家	进口量	进口量所占比重	进口额	进口额所占比重
澳大利亚	28.3	5.9	9 888.0	5.4
五国合计	451.1	93.7	167 412.3	92.1

五、国际、国内价差扩大

1. 国际糖价每月都比国内的低

2014/2015 榨季，配额内的国际糖到岸价每月都比国内低（表 3）。

表 3   2014/2015 榨季各月国内外价差

单位：元/吨

时间	巴西原糖到岸价与国内糖价批发价价差
2014 年 10 月	−195.5
2014 年 11 月	−319.0
2014 年 12 月	−420.1
2015 年 1 月	−711.0
2015 年 2 月	−1 101.0
2015 年 3 月	−1 433.0
2015 年 4 月	−1 806.6
2015 年 5 月	−1 973.0
2015 年 6 月	−2 130.2
2015 年 7 月	−1 890.3
2015 年 8 月	−1 816.6
2015 年 9 月	−2 022.0

2. 价差较上榨季扩大

价差最大的月份是 2015 年 6 月，每吨比国内低 2 130.2 元；价差最小的月份是 2014 年 10 月，每吨比国内低 195.5 元（图 9）。

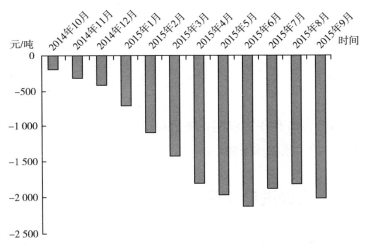

图 9　2014/2015 榨季巴西原糖到岸价与国内糖价价差变化走势

2015/2016 榨季我国食糖进出口贸易分析

2015/2016 榨季，我国食糖进口同比继续下降，降幅扩大；国际国内价差较上榨季缩小。

一、食糖进口下降

2015/2016 榨季我国食糖进口量为 372.9 万吨，同比下降 22.5％；进口额为 13.4 亿美元，同比下降 26.5％。

2015/2016 榨季我国食糖净进口量为 357.4 万吨，同比下降 24.8％；净进口额为 12.5 亿美元，同比下降 29.6％（图1）。

二、食糖各月进口情况

2015/2016 榨季月度进口量占榨季进口总量 11％以上的月份有 3 个，分别是 2015 年 12 月以及 2016 年 7 月、9 月（表1、图2）。

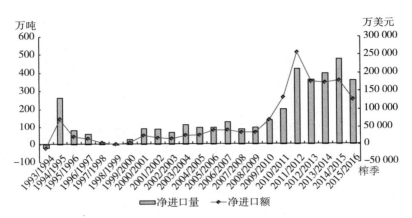

图 1　1993/1994 榨季以来食糖净进口量和净进口额变化

表 1　2015/2016 榨季各月食糖进出口情况

单位：吨，%

月份	进口量	各月所占比重
2015 年 10 月	356 085.3	9.5
2015 年 11 月	259 987.5	7.0
2015 年 12 月	500 340.5	13.4
2016 年 1 月	288 551.0	7.7
2016 年 2 月	107 181.1	2.9
2016 年 3 月	209 632.5	5.6
2016 年 4 月	225 274.4	6.0
2016 年 5 月	135 454.6	3.6
2016 年 6 月	369 189.0	9.9
2016 年 7 月	419 282.4	11.2
2016 年 8 月	360 285.1	9.66
2016 年 9 月	497 493.1	13.34
榨季合计	3 728 756.4	100.0

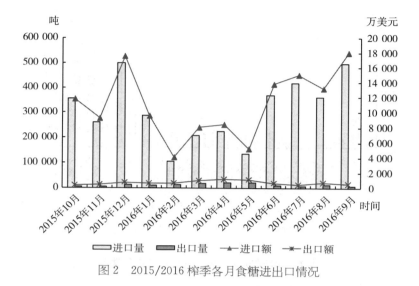

图 2　2015/2016 榨季各月食糖进出口情况

三、食糖一般贸易净进口下降

1. 一般贸易方式进口的食糖占我国食糖进口总量的 60.3%

2015/2016 榨季，我国一般贸易进口食糖 224.8 万吨，占进口总量（372.9 万吨）的 60.3%（同比减少 4.4 个百分点）。

2. 一般贸易净进口量连续 5 个榨季超配额

2015/2016 榨季，一般贸易方式净进口食糖 223.6 万吨（2011/2012 榨季，410.5 万吨；2012/2013 榨季，346.1 万吨；2013/2014 榨季，348.2 万吨；2014/2015 榨季，310.3 万吨），同比下降 28.0%，是配额的 1.15 倍（2011/2012 榨季，2.1 倍；2012/2013 榨季，1.78 倍；2013/2014 榨季，1.79 倍；2014/

2015 榨季，1.60 倍）（图 3）。

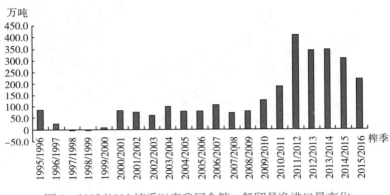

图 3　1995/1996 榨季以来我国食糖一般贸易净进口量变化

3. 一般贸易方式净进口的食糖继续大幅下降

在全国原糖进口加工企业开展行业自律的基础上，国家将关税配额外食糖进口纳入了自动进口许可管理货物目录，食糖进口管理加强，原糖进口得到了进一步的有效管理。

四、食糖进口来源国集中

2015/2016 榨季，我国食糖进口来源国排前 5 位的国家依次为巴西、古巴、泰国、澳大利亚和韩国，其中从巴西进口的食粮占我国食糖进口总量的 67.7%，进口额占我国食糖进口总额的 62.9%（图 4 至图 8）。从这五国进口的食糖量占我国食糖进口总量的 98.5%，进口额占我国食糖进口总额的 98.0%（表 2）。

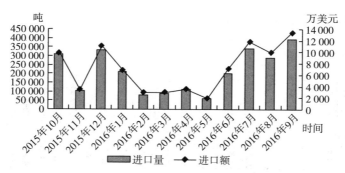

图4 2015/2016榨季各月从巴西进口食糖情况

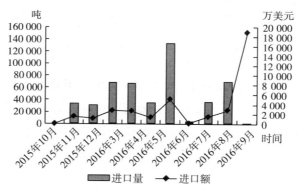

图5 2015/2016榨季各月从古巴进口食糖情况

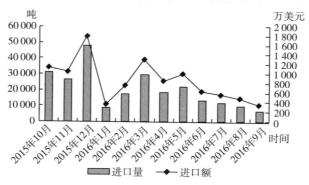

图6 2015/2016榨季各月从泰国进口食糖情况

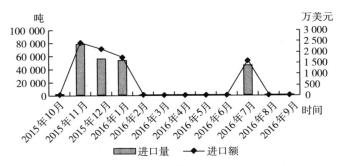

图 7　2015/2016 榨季各月从澳大利亚进口食糖情况

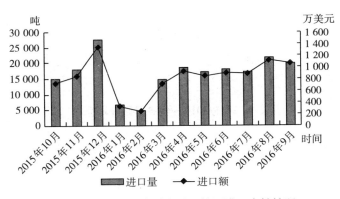

图 8　2015/2016 榨季各月从韩国进口食糖情况

表 2　2015/2016 榨季我国食糖主要进口来源国进口量和进口额对比

单位：万吨，万美元，%

国家	进口量	进口量所占比重	进口额	进口额所占比重
总量（额）	372.9		133 628.7	
巴西	252.3	67.7	84 024.1	62.9
古巴	47.2	12.7	18 820.0	14.1
泰国	24.2	6.5	10 345.9	7.7
澳大利亚	23.6	6.3	7 950.3	5.9

（续）

国家	进口量	进口量所占比重	进口额	进口额所占比重
韩国	19.9	5.3	9 914.0	7.4
五国合计	367.2	98.5	131 054.3	98.0

五、国际、国内价差缩小

1. 国际糖价每月都比国内的低

2015/2016 榨季，配额内的国际糖到岸价每月都比国内低（表3）。

表3　2015/2016 榨季各月国内外价差

单位：元/吨

时间	巴西原糖到岸价与国内糖价批发价价差
2015 年 10 月	−1 668.0
2015 年 11 月	−1 225.7
2015 年 12 月	−1 256.0
2016 年 1 月	−1 467.0
2016 年 2 月	−1 718.3
2016 年 3 月	−1 274.0
2016 年 4 月	−1 490.1
2016 年 5 月	−1 212.0
2016 年 6 月	−708.4
2016 年 7 月	−790.0
2016 年 8 月	−764.2
2016 年 9 月	−699.2

2. 价差较上榨季缩小

价差最大的月份是 2016 年 2 月，每吨比国内低 1 718.3 元；价差最小的月份是 2016 年 9 月，每吨比国内低 699.2 元。

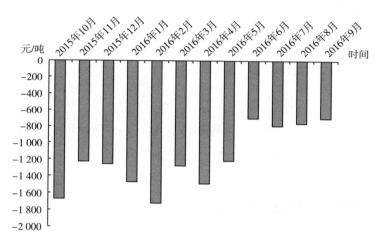

图 9　2015/2016 榨季巴西原糖到岸价与国内糖价价差变化走势

2016/2017 榨季我国食糖进出口贸易分析

2016/2017 榨季，我国食糖进口同比继续大幅下降，降幅扩大；国际国内价差较上榨季扩大。

一、食糖进口下降

2016/2017 榨季我国食糖进口量为 228.8 万吨，同比下降 38.6%；进口额为 11.1 亿美元，同比下降 17.0%（图1）。

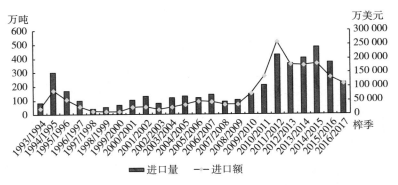

图1　1993/1994 榨季以来食糖进口量和进口额变化

2016/2017 榨季我国食糖净进口量为 216.3 万吨，同比下降

39.5％；净进口额为 10.3 亿美元，同比下降 17.8％。

二、食糖各月进口情况

2016/2017 榨季月度进口量占榨季进口总量 10％以上的月份有 2 个，分别是 2017 年 1 月、3 月（表 1、图 2）。

表 1　2016/2017 榨季各月食糖进出口情况

单位：吨，%

月份	进口量	各月所占比重
2016 年 10 月	105 041.7	4.60
2016 年 11 月	135 095.9	5.90
2016 年 12 月	216 512.4	9.46
2017 年 1 月	409 739.3	17.90
2017 年 2 月	182 533.6	7.97
2017 年 3 月	301 708.6	13.18
2017 年 4 月	193 474.1	8.46
2017 年 5 月	186 765.1	8.16
2017 年 6 月	139 519.0	6.10
2017 年 7 月	59 533.3	2.60
2017 年 8 月	196 578.4	8.59
2017 年 8 月	161 771.4	7.07
榨季合计	2 288 273.0	100.0

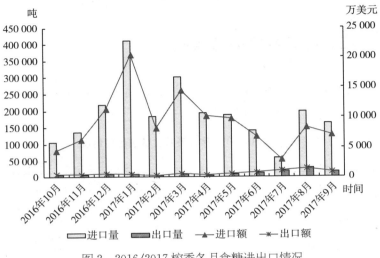

图 2   2016/2017 榨季各月食糖进出口情况

三、食糖一般贸易净进口下降

1. 一般贸易方式进口的食糖占我国食糖进口总量的 53.4%

2016/2017 榨季，我国一般贸易进口食糖 122.0 万吨，占进口总量（228.8 万吨）的 53.4%。

2. 一般贸易净进口量在连续 5 个榨季超配额后，转为低于配额

2016/2017 榨季，一般贸易方式净进口食糖 121.1 万吨（2011/2012 榨季，410.5 万吨；2012/2013 榨季，346.1 万吨；2013/2014 榨季，348.2 万吨；2014/2015 榨季，310.3 万吨；2015/2016 榨季，223.6 万吨），同比下降 45.8%，是配额的

62.3%（2011/2012 榨季，2.1 倍；2012/2013 榨季，1.78 倍；
2013/2014 榨季，1.79 倍；2014/2015 榨季，1.60 倍；2015/2016
榨季，1.15 倍）（图 3）。

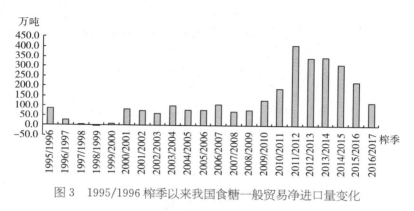

图 3   1995/1996 榨季以来我国食糖一般贸易净进口量变化

3. 一般贸易方式净进口的食糖继续大幅下降

我国食糖进口的大幅下降主要是由于国际食糖价格大幅波动
和我国对进口食糖产品所采取的保障措施。

四、食糖进口来源国较为集中

2016/2017 榨季，我国食糖进口来源国排前 5 位的国家依
次为巴西、古巴、泰国、澳大利亚和韩国，其中从巴西进口的
食糖占我国食糖进口总量的 40.9%，进口额占我国食糖进口总
额的 40.8%（图 4 至图 8）。从这五国进口的食糖量占我国食
糖进口总量的 90.2%，进口额占我国食糖进口总额的 91.6%
（表 2）。

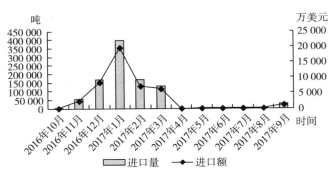

图4　2016/2017 榨季各月从巴西进口食糖情况

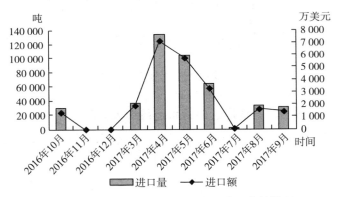

图5　2016/2017 榨季各月从古巴进口食糖情况

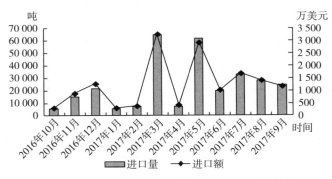

图6　2016/2017 榨季各月从泰国进口食糖情况

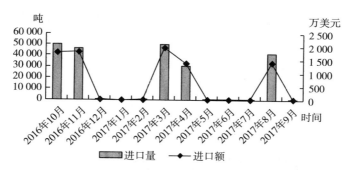

图 7　2016/2017 榨季各月从澳大利亚进口食糖情况

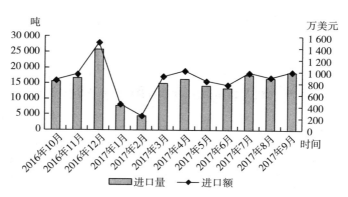

图 8　2016/2017 榨季各月从韩国进口食糖情况

表 2　2016/2017 榨季我国食糖主要进口来源国进口量和进口额对比

单位：万吨，万美元，%

国家	进口量	进口量所占比重	进口额	进口额所占比重
总量（额）	228.8		110 859.8	
巴西	93.6	40.9	45 237.0	40.8
古巴	43.1	18.8	22 330.1	20.1
泰国	29.6	12.9	15 184.6	13.7

（续）

国家	进口量	进口量所占比重	进口额	进口额所占比重
澳大利亚	22.0	9.6	8 382.2	7.6
韩国	18.3	8.0	10 428.5	9.4
五国合计	206.6	90.2	101 562.4	91.6

五、国际、国内价差扩大

1. 国际糖价每月都比国内的低

2016/2017 榨季，配额内的国际糖到岸价每月都比国内低（表 3）。

表 3　2016/2017 榨季各月国内外价差

单位：元/吨

时间	巴西原糖到岸价与国内糖价批发价价差
2016 年 10 月	−660.9
2016 年 11 月	−1 389.7
2016 年 12 月	−1 863.1
2017 年 1 月	−1 315.8
2017 年 2 月	−1 568.7
2017 年 3 月	−1 847.0
2017 年 4 月	−2 279.8
2017 年 5 月	−2 509.0
2017 年 6 月	−2 924.1
2017 年 7 月	−2 603.0
2017 年 8 月	−2 733.6
2017 年 9 月	−2 594.8

2. 价差较上榨季扩大

价差最小的月份是 2016 年 10 月，每吨比国内低 660.9 元；价差最大的月份是 2017 年 6 月，每吨比国内低 2 924.1 元（图 9）。

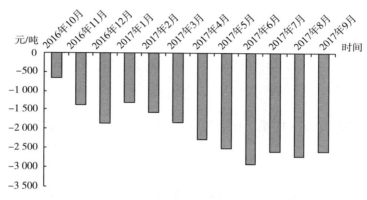

图 9 2016/2017 榨季巴西原糖到岸价与国内糖价价差变化走势

3. 价差扩大的原因主要是国内糖价涨幅远高于国际糖价

2016/2017 榨季，我国糖价连续三个榨季上涨，国内食糖均价为 6 570 元/吨，比上榨季每吨上涨了 1 113 元，涨幅为 20.4%，高于上榨季 11.9% 的涨幅；国际原糖价格连续两个榨季上涨，国际食糖均价为 17.39 美分/磅，比上榨季每磅上涨了 0.87 美分，涨幅为 5.3%，低于上榨季 22.9% 的涨幅。

2017/2018 榨季我国食糖进出口贸易分析

2017/2018 榨季，我国食糖进口量转为增长，国际国内价差继续扩大。

一、食糖进口量转为上涨

2017/2018 榨季我国食糖进口量为 242.7 万吨，同比上涨 6.0%；进口额为 9.5 亿美元，同比下降 14.3%（图 1）。

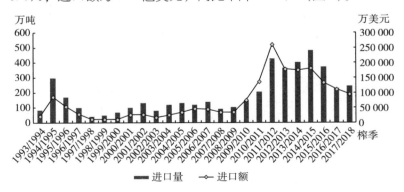

图 1　1993/1994 榨季以来食糖进口量和进口额变化

2017/2018 榨季我国食糖净进口量为 223.3 万吨，同比上涨

3.2%；净进口额为 8.5 亿美元，同比下降 17.3%。

二、食糖各月进口情况

2017/2018 榨季月度进口量占榨季进口总量 10% 以上的月份有 4 个，分别是 2018 年 3 月、4 月、6 月和 7 月（表 1、图 2）。

表 1 2017/2018 榨季各月食糖进出口情况

单位：吨，%

月份	进口量	各月所占比重
2017 年 10 月	168 713.9	7.0
2017 年 11 月	157 637.5	6.5
2017 年 12 月	132 774.1	5.5
2018 年 1 月	30 856.9	1.3
2018 年 2 月	22 942.8	0.9
2018 年 3 月	381 111.2	15.7
2018 年 4 月	464 965.0	19.2
2018 年 5 月	201 486.0	8.3
2018 年 6 月	278 202.2	11.5
2018 年 7 月	251 632.2	10.4
2018 年 8 月	148 553.2	6.1
2018 年 9 月	187 777.7	7.7
榨季合计	2 426 652.6	100.0

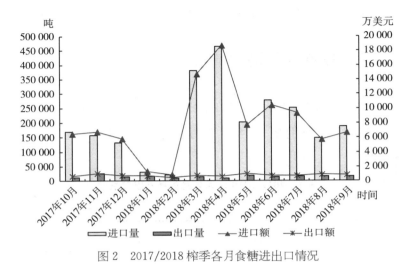

图2　2017/2018榨季各月食糖进出口情况

三、食糖一般贸易净进口量转为增长

1. 一般贸易方式进口的食糖占我国食糖进口总量的68.2%

2017/2018榨季，我国一般贸易进口食糖165.5万吨，占进口总量（242.7万吨）的68.2%（上榨季占比为53.4%）。

2. 一般贸易净进口量继续低于配额

2017/2018榨季，一般贸易方式净进口食糖164.7万吨（2011/2012榨季，410.5万吨；2012/2013榨季，346.1万吨；2013/2014榨季，348.2万吨；2014/2015榨季，310.3万吨；2015/2016榨季，223.6万吨；2016/2017榨季，121.1万吨），同比增长36%。

2017/2018榨季一般贸易方式净进口食糖量占配额的84.7%

(2011/2012 榨季，2.1 倍；2012/2013 榨季，1.78 倍；2013/2014 榨季，1.79 倍；2014/2015 榨季，1.60 倍；2015/2016 榨季，1.15 倍；2016/2017 榨季，62.3%)（图 3）。

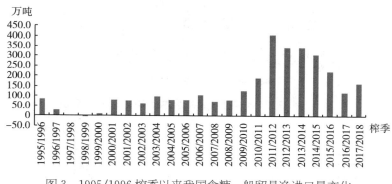

图 3　1995/1996 榨季以来我国食糖一般贸易净进口量变化

3. 一般贸易方式净进口的食糖转为大幅增长

从图 3 可以看出，我国一般贸易方式净进口结束了连续三年的大幅下降，2017/2018 榨季转为大幅增长，主要原因是由于国际糖价的大幅下降。

四、食糖进口来源国比较分散

2017/2018 榨季，我国食糖进口来源国比较分散，排前 5 位的国家依次为萨尔瓦多、泰国、澳大利亚、南非和尼加拉瓜，其中从萨尔瓦多进口的食糖最多，食糖进口量占我国食糖进口总量的 10.4%，进口额占我国食糖进口总额的 10.0%（图 4 至图 8）。从这五国进口的食糖量占我国食糖进口总量的 44.0%，进口额占我国食糖进口总额的 43.1%（表 2）。

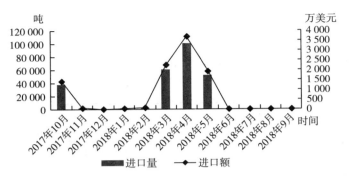

图4　2017/2018榨季各月从萨尔瓦多进口食糖情况

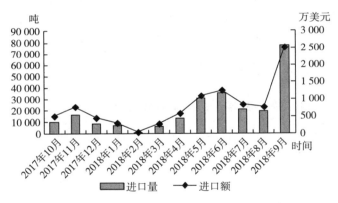

图5　2017/2018榨季各月从泰国进口食糖情况

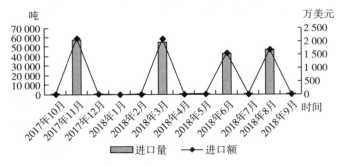

图6　2017/2018榨季各月从澳大利亚进口食糖情况

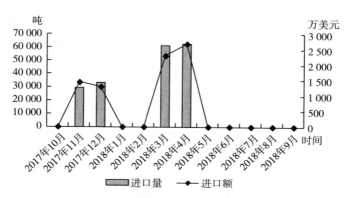

图 7　2017/2018 榨季各月从南非亚进口食糖情况

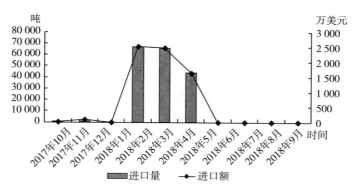

图 8　2017/2018 榨季各月从尼加拉瓜进口食糖情况

表 2　2017/2018 榨季我国食糖主要进口来源国进口量和进口额对比

单位：万吨，万美元，%

国家	进口量	进口量所占比重	进口额	进口额所占比重
总量（额）	242.7		95 003.1	
萨尔瓦多	25.2	10.38	9 457.3	10.0
泰国	24.9	10.26	9 540.2	10.0
澳大利亚	20.3	8.36	7 502.0	7.9

(续)

国家	进口量	进口量所占比重	进口额	进口额所占比重
南非	18.6	7.67	7 717.0	8.1
尼加拉瓜	17.8	7.33	6 727.3	7.1
五国合计	106.8	44.00	40 943.8	43.1

五、国际、 国内价差继续扩大

1. 国际糖价每月都比国内的低

2017/2018 榨季，国际糖到岸价（配额内，15％关税后），每月都比国内低（表3）。

表3　2017/2018 榨季各月国内外价差

单位：元/吨

时间	15％关税后巴西原糖到岸价与国内食糖批发价价差
2017 年 10 月	−2 402.3
2017 年 11 月	−2 317.0
2017 年 12 月	−2 419.6
2018 年 1 月	−2 311.0
2018 年 2 月	−2 399.1
2018 年 3 月	−2 413.0
2018 年 4 月	−2 424.3
2018 年 5 月	−2 364.1
2018 年 6 月	−2 119.1
2018 年 7 月	−1 986.0
2018 年 8 月	−2 191.3
2018 年 9 月	−1 954.8

2. 价差较上榨季继续扩大

价差最小的月份是 2018 年 9 月, 每吨比国内低 1 954.8 元; 价差最大的月份是 2018 年 4 月, 每吨比国内低 2 424.3 元 (图 9)。

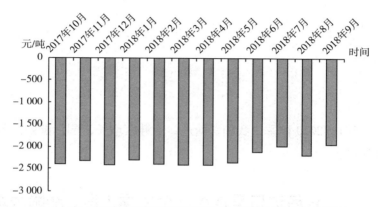

图 9 2017/2018 榨季巴西原糖到岸价 (配额内 15％关税后) 与国内食糖批发价每月价差变化走势

3. 价差扩大的原因主要是国际糖价的跌幅远大于国内糖价的跌幅

2017/2018 榨季, 我国糖价在连续三个榨季上涨后转为下跌, 国内食糖均价为 5 648 元/吨, 比上榨季每吨下跌了 922 元, 跌幅为 14.0％ (上榨季的涨幅为 20.4％); 国际原糖价格在连续两个榨季上涨后转为下跌, 国际食糖均价为 12.68 美分/磅, 比上榨季每磅下跌了 4.71 美分, 跌幅为 27.1％ (上榨季的涨幅为 5.3％)。

2018/2019 榨季我国食糖进出口贸易分析

2018/2019 榨季，我国食糖进口量继续增长，国际国内价差继续扩大。

一、食糖进口量连续两个榨季上涨，涨幅大增

2018/2019 榨季我国食糖进口量为 323.6 万吨，同比增长 33.4%；进口额为 10.8 亿美元，同比增长 13.8%（图1）。

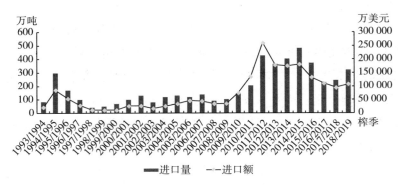

图1　1993/1994 榨季以来食糖进口量和进口额变化

2018/2019 榨季我国食糖净进口量为 304.4 万吨，同比增长

36.3%；净进口额为9.9亿美元，同比增长15.9%。

二、食糖各月进口情况

2018/2019榨季月度进口量占榨季进口总量10%以上的月份有7个，分别是2018年10月、11月以及2019年4月、5月、7月、8月、9月（表1、图2）。

表1 2018/2019榨季各月食糖进出口情况

单位：吨，%

月份	进口量	各月所占比重
2018年10月	335 821.3	10.4
2018年11月	340 544.4	10.5
2018年12月	166 755.3	5.2
2019年1月	133 203.7	4.1
2019年2月	14 797.6	0.5
2019年3月	56 178.7	1.7
2019年4月	342 361.8	10.6
2019年5月	383 402.5	11.8
2019年6月	139 843.1	4.3
2019年7月	435 057.0	13.4
2019年8月	469 913.8	14.5
2019年9月	418 299.4	12.9
榨季合计	3 236 178.5	100.0

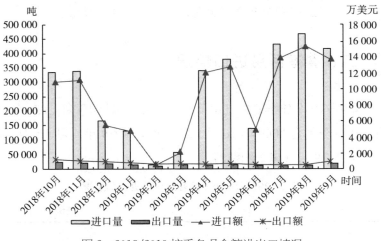

图2 2018/2019榨季各月食糖进出口情况

三、食糖一般贸易净进口量连续两个榨季增长

1. 一般贸易方式进口的食糖占我国食糖进口总量的64.3%

2018/2019榨季，我国一般贸易进口食糖208.0万吨，占进口总量（323.6万吨）的64.3%（上榨季占比为68.2%）。

2. 一般贸易净进口量转为高于配额

2018/2019榨季，一般贸易方式净进口食糖207.2万吨（2011/2012榨季，410.5万吨；2012/2013榨季，346.1万吨；2013/2014榨季，348.2万吨；2014/2015榨季，310.3万吨；2015/2016榨季，223.6万吨；2016/2017榨季，121.1万吨；2017/2018榨季，164.7万吨），同比增长26%。

2018/2019榨季一般贸易方式净进口食糖量占配额的106.5%（2011/2012榨季，2.1倍；2012/2013榨季，1.78倍；

2013/2014 榨季，1.79 倍；2014/2015 榨季，1.60 倍；2015/2016 榨季，1.15 倍；2016/2017 榨季，62.3%；2017/2018 榨季，84.7%）（图 3）。

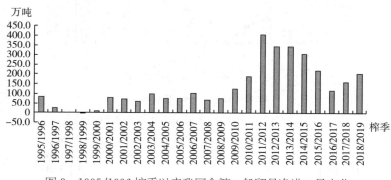

图 3　1995/1996 榨季以来我国食糖一般贸易净进口量变化

3. 一般贸易方式净进口的食糖继续增长

从图 3 可以看出，我国一般贸易方式净进口继续增长，增幅达 26%，主要原因是我国食糖存在较大的产需缺口及较大的内外价差。

四、食糖进口来源国相对集中

2018/2019 榨季，我国食糖进口来源国相对集中，排前 5 位的国家依次为巴西、泰国、古巴、韩国和萨尔瓦多，其中从巴西进口的食糖占我国食糖进口总量的 51.5%，进口额占我国食糖进口总额的 47.9%（图 4 至图 8）。从这五国进口的食糖量占我国食糖进口总量的 88.6%，进口额占我国食糖进口总额的 88.8%（表 2）。

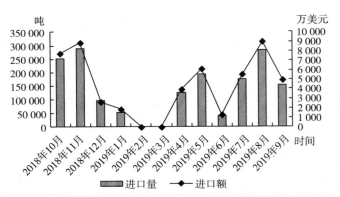

图4　2018/2019榨季各月从巴西进口食糖情况

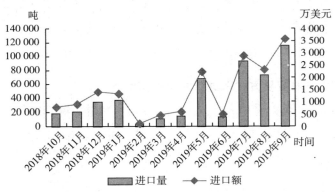

图5　2018/2019榨季各月从泰国进口食糖情况

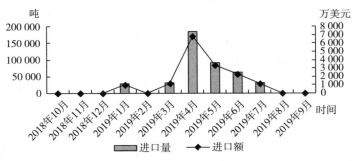

图6　2018/2019榨季各月从古巴进口食糖情况

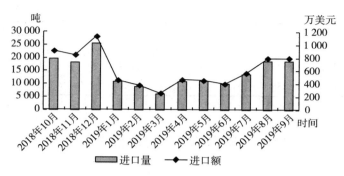

图 7　2018/2019 榨季各月从韩国进口食糖情况

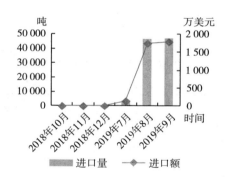

图 8　2018/2019 榨季各月从萨尔瓦多进口食糖情况

表 2　2018/2019 榨季我国食糖主要进口来源国进口量和进口额对比

单位：万吨，万美元，%

国家	进口量	进口量所占比重	进口额	进口额所占比重
总量（额）	323.6		108 147.6	
巴西	166.6	51.5	51 853.7	47.9
泰国	50.4	15.6	17 204.5	15.9
古巴	42.7	13.2	15 800.0	14.6
韩国	17.3	5.3	7 476.6	6.9

(续)

国家	进口量	进口量所占比重	进口额	进口额所占比重
萨尔瓦多	9.7	3.0	3 660.4	3.4
五国合计	286.7	88.6	95 995.2	88.8

五、国际、国内价差有所缩小

1. 国际糖价每月都比国内的低

2018/2019 榨季，国际糖到岸价（配额内，15％关税后），
每月都比国内低（表3）。

表3　2018/2019 榨季各月国内外价差

单位：元/吨

时间	巴西白糖15％关税后到岸价与国内糖价批发价价差
2018 年 10 月	−1 720.0
2018 年 11 月	−1 680.6
2018 年 12 月	−1 558.1
2019 年 1 月	−1 529.1
2019 年 2 月	−1 703.4
2019 年 3 月	−1 840.5
2019 年 4 月	−1 848.2
2019 年 5 月	−1 905.1
2019 年 6 月	−1 758.1
2019 年 7 月	−1 936.1
2019 年 8 月	−2 235.4
2019 年 9 月	−2 466.0

2. 价差较上榨季有所缩小

2018/2019 榨季月均价差为 1 848 元/吨，比上榨季每吨缩小 427 元（2017/2018 榨季月均价差为 2 275 元/吨）。价差最小的月份是 2019 年 1 月，每吨比国内低 1 529.1 元；价差最大的月份是 2019 年 9 月，每吨比国内低 2 466.0 元（图9）。

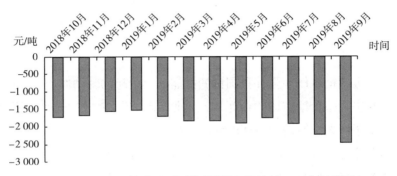

图 9 2018/2019 榨季巴西原糖到岸价（配额内，15％关税后）
与国内食糖批发价每月价差变化走势

3. 价差缩小的原因主要是国内糖价的跌幅大于国际糖价的跌幅

2018/2019 榨季，我国糖价连续两个榨季下跌，国内食糖均价为 5 253 元/吨，比上榨季每吨下跌了 395 元，跌幅为 7.0％（上榨季的跌幅为 14.0％）；国际原糖价格连续两个榨季下跌，国际食糖均价为 12.4 美分/磅，比上榨季每磅下跌了 0.3 美分，跌幅为 2.5％（上榨季的跌幅为 27.1％）。

进口糖对我国食糖产业的
冲击及分析

进口糖从作为弥补我国食糖供需缺口所起的辅助作用，到严重冲击我国食糖市场的负作用，这期间经历了怎样的一个过程，发生了什么，使得进口糖的性质发生了根本性的变化。我国糖业存在什么问题，面临怎样的挑战，本文对进口糖从弥补我国食糖消费不足，到对我国食糖市场造成严重冲击及重创，进行了初步的探讨与分析。

一、进口糖对我国食糖市场所发挥的作用、影响以至冲击

（一）1995/1996 榨季至 2008/2009 榨季的情况

1. 仅 2 个榨季食糖进口量超过 100 万吨

1995/1996 榨季至 2008/2009 榨季，我国食糖一般贸易净进口量超过 100 万吨的榨季仅有 2 个，分别为 2003/2004 榨季（进口 100.2 万吨）和 2006/2007 榨季（进口 106.7 万吨）。其间，我国一般贸易年均净进口量为 61.3 万吨（表1）。

表1　1995/1996 榨季以来我国食糖一般贸易净进口量

单位：万吨，%

榨季	一般贸易净进口量	较上年同比变化比例
1995/1996	85.2	
1996/1997	28.6	-66.4
1997/1998	0.6	-97.9
1998/1999	-2.5	-523.1
1999/2000	10.2	-498.8
2000/2001	82.4	711.2
2001/2002	75.2	-8.8
2002/2003	61.3	-18.4
2003/2004	100.2	63.3
2004/2005	79.1	-21.1
2005/2006	79.7	0.8
2006/2007	106.7	33.9
2007/2008	72.1	-32.5
2008/2009	79.3	10.0
2009/2010	129.1	62.9
2010/2011	190.3	47.4
2011/2012	410.5	115.7
2012/2013	346.1	-15.7
2013/2014	348.2	0.6

2. 进口糖是对国内供需缺口的有效补充

这14个榨季间，适量的进口糖对国内食糖市场是一个有效的补充，对于国内糖价的影响不大。我国政府通过食糖进出口贸易管理措施，将其作为宏观调控的主要手段，既通过进口贸易糖填补了国内市场的不足，又较为成功地规避了国际食糖市场可能带来的风险和不利影响，对国内食糖市场的稳定发挥了重要的作用。

（二）2009/2010 榨季至 2013/2014 榨季的情况

1. 2009/2010 榨季产量下降、产需缺口"巨大"、进口暴增、糖价暴涨

2009/2010 榨季我国食糖产量，经过 2007/2008 榨季（1 484 万吨）、2008/2009 榨季（1 243.1 万吨）连续两个榨季的大幅下滑后，继续下降至 1 073.8 万吨，降幅为 13.6％。我国食糖产量已难以满足消费需求，2009/2010 榨季当季产需缺口达 326.2 万吨。进口糖作为对我国食糖消费不足的有效补充，一般贸易净进口量开始暴增为 129.1 万吨，同比涨幅达 62.9％。一般贸易方式净进口的食糖，才是对我国食糖市场形成有效补充或强烈冲击的进口糖。

国内糖价暴涨。国内糖价则由 2008/2009 榨季的 3 398 元/吨（榨季均价）暴涨到 2009/2010 榨季的 5 020 元/吨，涨幅同比达 47.7％。此时，国内糖价的暴涨，还主要是由国内巨大的产需缺口所致。

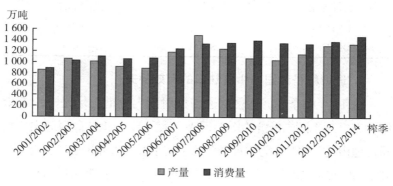

图 1　2001/2002 榨季以来我国食糖产量和消费量对比

2. 2010/2011 榨季国内产量继续下降、当季缺口仍"巨大"、进口继续暴增、糖价继续暴涨

2010/2011 榨季我国产糖量继续下降至 1 045 万吨，降幅为 2.6%。当季仍存在 312.6 万吨的产需缺口，导致 2010/2011 榨季我国一般贸易净进口量继续大增，达 190.3 万吨，涨幅为 47.4%（图 2、图 3）。但该榨季的进口糖，仍是起到了填补我国食糖供需缺口的作用。

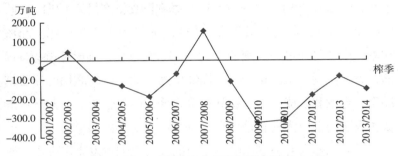

图 2　2001/2002 榨季以来我国食糖产需缺口变化

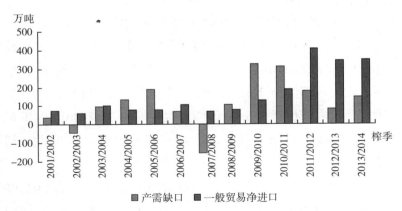

图 3　2001/2002 榨季以来我国食糖当季产需缺口与一般贸易净进口对比
注：产需缺口为负值时，表示产大于需。

继续推动国内糖价非理性暴涨。国内糖价则由 2009/2010 榨季的 5 020 元/吨（榨季均价）暴涨到 2010/2011 榨季的 7 111 元，涨幅达 41.7%。

3. 2011/2012 榨季进口糖的性质发生了根本改变，对我国食糖市场产生了强烈的冲击甚至重创

2011/2012 榨季，我国食糖产量开始恢复性增长并进入增产周期，产需缺口迅速缩小，进口却继续更猛烈地增长，库存迅速上升，国内糖价大跌。2011/2012 榨季我国食糖产量为 1 151 万吨，同比增长 10.2%。当季国内产需缺口下降为 178.3 万吨。而该榨季一般贸易净进口食糖却激增为 410.5 万吨，同比增幅近 1.2 倍，首次出现了国内增产、产需缺口缩小而进口却激增的非正常局面，导致我国成为部分国际剩余食糖的储备仓库，自此逐步形成了我国当前巨大的食糖库存。

进口糖作为补充国内供需不足的性质已悄然发生了根本的改变。国内榨季均价从 7 111 元/吨，下降为 6 477 元/吨，降幅为 8.9%。但该榨季的国际糖价仍远低于国产糖价。2011/2012 榨季泰国原糖到岸价有 10 个月都低于我国糖价，这也是该榨季我国食糖进口激增的重要原因之一。价差最大的月份是 2012 年 6 月，比国内糖价低 1 324 元/吨；价差最小的月份为 2012 年 8 月，比国内糖价低 169.2 元/吨。这也就为 2012/2013 榨季和 2013/2014 榨季外糖的继续涌入埋下了客观的、坚实的有利条件。

国家收储有史以来最多。为稳定国内糖价，2011/2012 榨季，国家收储当季食糖 100 万吨，加上广西 50 万吨的地方收储，共计 150 万吨，是我国自食糖储备制度实施以来收储最多的榨季。但高达 6 550 元/吨的收储价，一方面对当时国内市场信心的稳定起到了一定的作用，从一定程度上遏制了国内糖价进一步的大幅下跌；另一方面，国家高价收储这把双刃剑，无疑也为大量的低价外糖的流入创造了条件，为国内库存、糖价的长期低迷埋下了巨大的隐患。现在看来，当时这高于国际糖价、也高于国内市场价的国家收储价，低估了国际食糖供求形势的严峻性，低估了国际上大量低价剩余糖的力量，使得 2011/2012 榨季末国内食糖库存迅速突破了 400 万吨，进口糖与国产糖处于相对平衡的状况。

4. 2012/2013 榨季我国食糖产量继续增长，产需缺口继续缩小，而国家继续高价收储，食糖进口对国产糖产生冲击

2012/2013 榨季，国内食糖产量为 1 306.84 万吨，同比增长 13.5%，增幅扩大。当季产需缺口继续缩小，为 88.2 万吨，加上 400 多万吨的库存，我国食糖市场总体已经是供大于求的局面。

2012/2013 榨季我国食糖一般贸易净进口 346.1 万吨，同比虽下降了 15.7%（图 4），但相对于我国本来就供大于求的食糖市场来说，加剧了供大于求的矛盾，使得我国食糖市场形势继续恶化、糖价进一步下跌。

国家继续大量、高价进行收储。国家在 2012/2013 榨季收储量提高到了 180 万吨，收储价格在 6 100 元/吨，远高于国际糖价，也高于国内市场价。然而，这一举措并没有保护住国内糖价，2012/2013 榨季我国食糖均价继续 2011/2012 榨季的跌势，降幅进一步扩大为 14.9%，从每吨 6 477 元下降到 5 513 元。即便如此，国际糖价仍远低于我国糖价，这使得外糖大量的流入在

2013/2014 榨季仍然得以延续。

国际、国内价差进一步扩大。2012/2013 榨季，配额内的国际糖（泰国白糖）到岸价，每月都比国内低（2011/2012 榨季还有 2 个月是高于国内的）。2012/2013 榨季，国际糖均价为 4 618 元/吨（上榨季均价 6 477 元/吨），比国内 5 513 元/吨（2011/2012 榨季 5 792 元/吨）的均价每吨低 895 元（2011/2012 榨季 686 元），同比价差扩大了 209 元/吨，比国内糖每吨便宜 16.2%。价差最大的月份是 2012 年 11 月，每吨比国内低1 270 元；价差最小的月份是 2013 年 3 月，每吨也比国内低689 元。这正是 2012/2013 榨季我国食糖进口虽有所下降，但进口的绝对量仍很大的原因。

进口糖形成了对国产糖的强烈冲击，与国产糖形成了对立的竞争局面。国际低价的、过剩的产能，继续流向我国，至 2012/2013 榨季结束我国食糖库存接近 700 万吨的历史高位。该榨季进口糖不再是对我国食糖缺口的有效补充，已与国产糖形成了对立的竞争局面，对我国食糖产业产生了巨大冲击以至重创。

造成这种局面的客观原因主要包括国内外食糖生产处于丰产周期，食糖供应"严重"大于需求；国际糖价远低于国内；进口糖对于商家来说有利可图，对于用糖企业来说可降低成本。但主观上，存在着宏观判断及调控的失误。

5. 2013/2014 榨季这种局面仍在重演

2013/2014 榨季国内产量为 1 332.00 万吨，同比增长 1.9%，增幅大大减小。当季产需缺口有所扩大，为 153.0 万吨，加上近 700 万吨的期初库存，我国食糖供给远远大于需求。到此，国内糖价已连续 3 个榨季下跌。从 2010/2011 榨季的 7 111

元/吨，降到 2013/2014 榨季的 4 699 元/吨（2012/2013 榨季为
5 513 元/吨），较上榨季降幅为 14.8%。

在供求"严重"失衡的大背景下，对于配额外的进口、对于
走私糖的入境，国家缺乏更有效的调控手段和有力的打击办法。

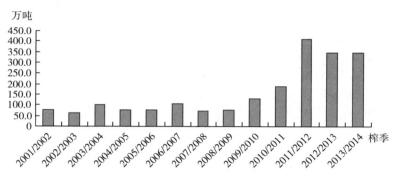

图4　2001/2002 榨季以来我国一般贸易净进口食糖总量对比

二、2013/2014 榨季我国一般贸易净进口食糖同比持平略增

2013/2014 榨季我国食糖一般贸易净进口 348.2 万吨，同比
持平略增。2013/2014 榨季国内外糖价均下降，国际糖价仍一直
低于国内，价差较上榨季有所缩小。

（一）2013/2014 榨季我国食糖进口同比增长 9.9%

2013/2014 榨季我国食糖进口量为 402.4 万吨，同比增长
9.9%；进口额为 17.6 亿美元，同比下降 1.6%。

2013/2014 榨季我国食糖净进口量为 397.7 万吨，同比增长

10.0%；净进口额为 17.2 亿美元，同比下降 1.6%（图5）。

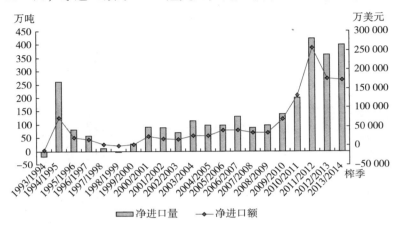

图5　1993/1994 榨季以来食糖净进口量和净进口额变化

（二）2013/2014 榨季前期我国食糖进口较集中

2013 年 10—12 月，合计进口的食糖数量占 2013/2014 榨季进口总量的 40.3%；这 3 个月各月的进口量占 2013/2014 榨季进口总量的比重分别是 17.6%、11.8%和 10.8%。另外，2014 年 3 月、8 月和 9 月，进口的食糖所占比重也都在 9%以上，分别为 10.2%、9.1%和 9.1%（图6）。

（三）2013/2014 榨季我国食糖一般贸易净进口 348.2 万吨，同比增长 0.6%

1. 一般贸易方式进口的食糖占我国食糖进口总量的 86.9%

2013/2014 榨季我国一般贸易进口食糖 349.6 万吨，占进口总量（402.4 万吨）的 86.9%（同比减少 8.1 个百分点）。

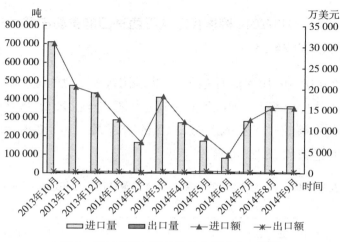

图6 2013/2014榨季各月食糖进出口情况

2. 一般贸易净进口量连续三个榨季超配额

2013/2014榨季一般贸易方式净进口食糖 348.2 万吨（2011/2012榨季，410.5 万吨；2012/2013榨季，346.1 万吨），同比增长 0.6%，是配额的 1.79 倍（2011/2012榨季，2.1 倍；2012/2013榨季，1.78 倍）（图7）。

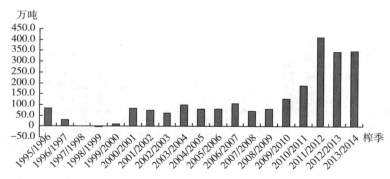

图7 1995/1996榨季以来我国食糖一般贸易净进口量变化

（四）2013/2014 榨季我国从巴西进口的食糖占我国食糖进口总量的 74.2%

2013/2014 榨季我国食糖进口来源国排前 5 位的国家依次为巴西、古巴、泰国、韩国和澳大利亚（图 8 至图 12）。从这五国进口的食糖量占我国食糖进口总量的 98.3%，进口额占我国食糖进口总额的 98.2%。

表2　2013/2014 榨季我国食糖主要进口国家进口量和进口额对比

单位：万吨，万美元，%

国家	进口量	进口量所占比重	进口额	进口额所占比重
总量（额）	402.4		176 167.4	
巴西	298.5	74.2	124 453.9	70.6
古巴	40.0	9.9	19 897.1	11.3
泰国	16.9	4.2	7 976.0	4.5
韩国	20.3	5.1	11 906.0	6.8
澳大利亚	19.6	4.9	8 709.5	4.9
五国合计	395.4	98.3	172 942.6	98.2

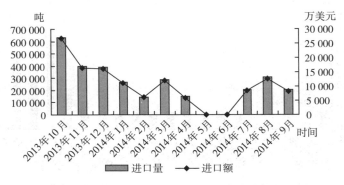

图8　2013/2014 榨季各月从巴西进口食糖情况

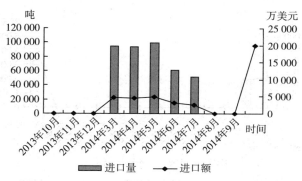

图 9　2013/2014 榨季各月从古巴进口食糖情况

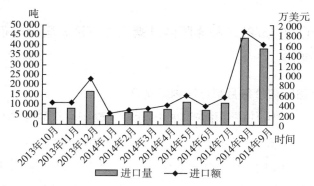

图 10　2013/2014 榨季各月从泰国进口食糖情况

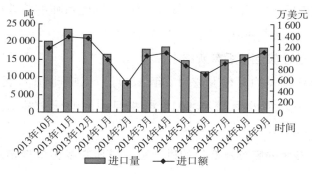

图 11　2013/2014 榨季各月从韩国进口食糖情况

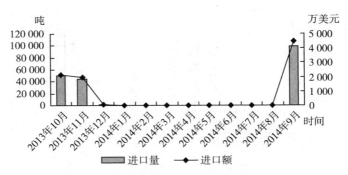

图 12　2013/2014 榨季各月从澳大利亚进口食糖情况

（五）2013/2014 榨季国内外糖价均下降，国际糖价仍一直低于国内

1. 国际糖价每月都比国内糖价低

2013/2014 榨季，配额内的国际糖（泰国白糖）到岸价（从 2014 年 5 月起为巴西糖到岸价），每月都比国内糖价低。

2013/2014 榨季，国际糖到岸均价为 4 269 元/吨（上榨季 4 618元/吨），比国内 4 699 元/吨（上榨季 5 513 元/吨）的榨季均价每吨低 430 元（上榨季低 895 元），同比每吨的价差缩小了 465 元，比国内糖每吨便宜 9.2%。

2. 价差较上榨季有所缩小

价差最大的月份是 2013 年 12 月，每吨比国内低 1 043 元；价差最小的月份是 2014 年 9 月，每吨比国内低 50 元（图 13）。

3. 庞大的库存及低价的进口糖，是压在我国食糖市场上的两座大山。

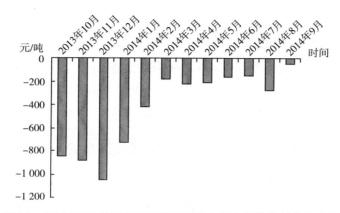

图 13　2013/2014 榨季泰国原糖到岸价与国内糖价价差变化走势
注：从 2014 年 5 月起为巴西糖到岸价。

（六）对 2014/2015 榨季的预计

受供大于求基本面的影响，我国糖价连续三个榨季下跌。2014/2015 榨季我国食糖将进入减产周期，当季产不足需，但庞大的库存仍将抑制国内糖价的上行，预计我国糖价仍将是弱势运行的态势，糖价的降幅将会有所缩小。2015 年针对食糖进口，国家将加强管控力度，预计我国食糖进口将进一步下降。

2015 年国内食糖市场应抓住减产、进口下降的有利时机，争取消化部分高库存，抓住机会把高库存逐步降到合理水平。

三、国际糖价经常性低于国内糖价的原因分析

（一）2002 年以来有两段时间国际糖价经常性低于国内

1. 2006 年 9 月至 2007 年 11 月

这 15 个月，国际糖价经常性低于国内，价差最大为 848 元/吨、

价差最小为 17 元/吨；仅有 1 个月，国际糖价高于国内（40 元/吨）。

2. 2011 年 8 月至 2014 年 11 月

这 40 个月（3 年零 4 个月），国际糖价经常性低于国内，价差最大为 1 324 元/吨、最小为 50 元/吨，2014 年 11 月的价差为 362 元/吨；仅有 2 个月，国际糖价高于国内。

（二）国际糖价经常性低于国内的原因分析

1. 期货投机拉动

2006 年 1 月 6 日郑州白糖期货开市，社会游资涌入糖市，利用 2005/2006 榨季国内食糖减产、国际食糖供求有缺口以及甘蔗能源概念，对糖价进行炒作，不断推高白糖期价，继而带动国内现货价格。

2. 高价收储导致

2011/2012 榨季、2012/2013 榨季，我国食糖当季产不足需，而国家分别以 6 550 元/吨、6 100 元/吨的高价收储。这样的收储价高于国产糖生产成本，也远高于配额外进口糖成本，使得国内糖价不正常地高企，始终高于国际糖价，高价差使得进口糖有利可图，从而引发外糖大量流入。目前庞大的库存，将继续压制国内糖价。

3. 我国糖业缺乏竞争力

糖料种植的生产效率就低。糖料生产成本过高；要提高制糖行业的竞争力，最关键是提高糖料生产效率，必须解决长期制约糖料生产效率的良种、水利、机械化和规模种植等根本性问题。多年过去了，这些问题仍实实在在地存在着。

制糖企业生产成本高。在没有外糖"侵入"的十多年的时间里，糖企是否高枕无忧了？在利润丰厚的年景是否忽略了对食糖生产第一车间——糖料生产的重视和投入？对企业自身的升级、行业发展有没有进行战略研究和长远规划？食糖生产是否存在较为短视、粗放的生产模式？企业制糖成本高，企业的制糖成本到底有多高？

一旦糖价大跌、利润下滑甚至亏本，企业最先想到的是什么，最关心的是什么？是一味地依赖政府收储救市。价格不好，找政府；企业亏了，更要找政府。本该顺应市场化的东西，至今仍处于政府包干的怪圈中。这是导致我国食糖生产成本高，价格没有竞争力的根本。

我国食糖净进口将成为常态的分析与对策

一、我国食糖净进口将成为常态

（一）长期看，我国食糖消费终将达到1500万吨

受高糖价的影响，近几个榨季我国食糖的消费增长放缓，2010/2011榨季的消费量甚至是下降的。但这也改变不了长期来看我国食糖消费将是不断增长的趋势（图1）。不久的将来，我国食糖消费量终将达到甚至超过1500万吨。

（二）2001/2002榨季以来，仅有2个榨季是产大于需的，其他榨季均存在不同程度的产需缺口

2001/2002榨季以来，仅2002/2003榨季、2007/2008榨季是产大于需的，产大于需的数量分别是43.7万吨和154.0万吨。而产需有缺口的榨季有9个，缺口最小的榨季是2001/2002榨季，缺口最大的榨季是2009/2010榨季，而2010/2011榨季的缺口也接近300万吨，为294.6万吨。虽然预计2011/2012榨季的产需缺口有所缩小，但仍将达200万吨。这11个榨季的平均缺

口为 113.4 万吨（图 2）。

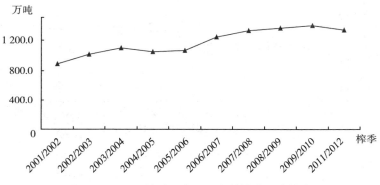

图 1　2001/2002 榨季以来我国食糖消费量走势变化

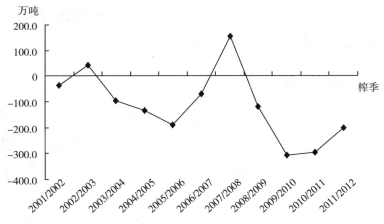

图 2　2001/2002 榨季我国食糖产不足需缺口情况
注：2011/2012 榨季的产需缺口为预计数。

（三）我国食糖消费将长期处于产不足需的局面

从图 3 可以看出，我国食糖消费量基本呈增长趋势，而我国的食糖产量起伏较大，且经常低于消费量。

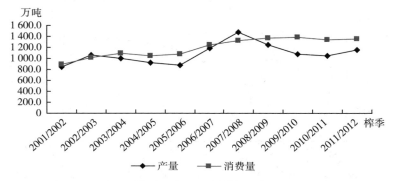

图3 2001/2002 榨季以来我国食糖产量、消费量走势对比

二、我国食糖消费将长期处于产不足需局面的主要原因

（一）基本国情

我国的食糖产量，一方面受面积（图4）、生产规模、生产技术手段等的制约，另一方面受气候变化因素的影响较大，食糖产量的稳定及提高存在诸多的不确定因素。我国食糖的消费将长

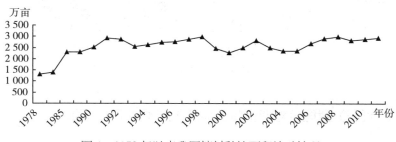

图4 1978 年以来我国糖料种植面积波动情况

期处于产不足需的局面，食糖净进口的局面将是常态的。

（二）糖料生产在我国农业生产中的相对地位

《农业部关于做好 2012 年农业农村经济工作的意见》（农发〔2012〕1 号）中，在提到粮食生产方面，有这样的明确阐述："务必防止粮食生产出现拐点、农民收入出现滑坡，坚决巩固和发展来之不易的好形势"，"全力夺取粮食生产好收成"，"毫不放松抓好粮食生产"，"千方百计稳定粮食播种面积"。

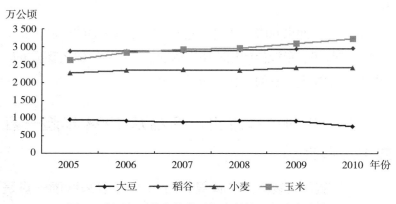

图 5　我国主要粮食作物近年来种植面积稳中有升

意见强调坚持"两个千方百计、两个努力确保"目标不动摇。"两个千方百计"，一是千方百计保持粮食产量稳定在 1 万亿斤以上，二是千方百计保持农民收入增长在 7.5% 以上；而"两个努力确保"，一是努力确保不发生区域性重大动物疫情，二是努力确保不发生重大农产品质量安全事件。

在提到棉油糖等经济作物生产时，要求"统筹发展棉油糖等经济作物生产。支持优势产区加强棉花、油料、糖料等生产基地建设，稳定面积、优化布局、提高单产、提升效益。继续推进棉油糖高产创建，开展整乡推进试点，与棉花轻简育苗移栽、甘蔗健康种苗、生产全程机械化等技术示范推广有机结合，加强技术培训和现场观摩，切实增强示范带动效应"，"进一步提高农垦粮食、糖料、棉花、生猪、奶牛、天然橡胶等供给保障能力"。

由此可见，在我国耕地资源有限的情况下，确保粮食生产、确保粮食供给在我国国民经济中的战略地位，是我国农业生产的重中之重。

鉴于此，如果我国短期内不能大幅度提高食糖的产量，在国储糖基础薄弱、食糖替代品的使用达到临界点后，那么我国进口食糖量的增加是必然的趋势。

三、我国食糖进出口贸易从 1994 年起一直为净进口格局

（一）就各贸易方式总体看，自 1994 年以来我国一直是食糖净进口国

从食糖整体贸易（即贸易方式合计）来看，我国从 1994 年起一直为食糖净进口国家（图 6）。

（二）就一般贸易方式看，1994 年以来也基本是净进口格局，仅在三年里有少量的净出口

据海关发布以一般贸易方式进到我国的食糖数据计算可知，

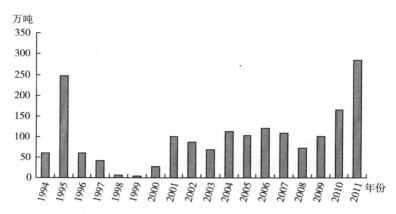

图 6 1994—2011 年我国食糖（贸易方式合计）净进口变化

自 1994 年以来我国仅在 1994 年、1998 年和 1999 年有少量的食糖净出口，分别为 0.82 万吨、2.5 万吨和 0.76 万吨，其他年份均为食糖净进口年份（图 7）。

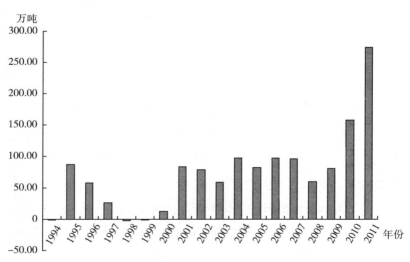

图 7 1994—2011 年我国食糖一般贸易方式净进口变化

四、2011 年我国食糖进口首次突破配额

我国自有进口食糖配额以来，2011 年食糖进口量首次突破进口配额，且超出的幅度为 50.1%。2011 年，进口食糖占 2011年进口关税配额的 150.1%，同比增加 59.3 个百分点（图 8）。2011 年我国食糖进口配额仍为 194.5 万吨。

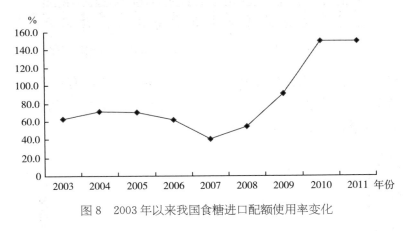

图 8　2003 年以来我国食糖进口配额使用率变化

2011 年，我国食糖进口主要以一般贸易（276.7 万吨）为主，占进口总量的 94.8%、进料加工占 4.5%。2011 年巴西为我国进口食糖最多的国家，占我国食糖进口总量的 68.2%。其次是古巴、泰国、韩国、菲律宾、澳大利亚等国。2011 年我国进口糖数量居首位的省份是山东，其次是辽宁、天津、广东、北京等省、市。2011 年我国共进口糖类 308.1 万吨，同比增长65.3%，在我国糖类的进口中，食糖占糖类进口总量的 94.8%。槭糖占 2.5%、其他糖占 1.8%、葡萄糖占 0.8%、果糖占

0.2％。2011 年我国进口甘蔗 68.1 万吨，同比下降 2.3％；进口甜菜籽 1 181.6 吨，同比增长 40.1％。

五、2010/2011 榨季我国食糖进口量排近 16 个榨季的第一位

（一）2010/2011 榨季我国食糖进口量、进口额均剧增

2010/2011 榨季我国食糖进口量为 207.1 万吨，同比增长 40.2％；进口额为 13.7 亿美元，同比增长 81.4％（图 9）。

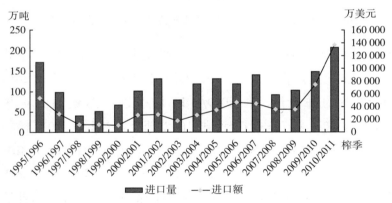

图 9　1995/1996 榨季以来我国食糖进口量和进口额变化

2010/2011 榨季我国食糖净进口量为 200.0 万吨，同比增长 43.8％；净进口额为 13.1 亿美元，同比增长 88.9％。这主要是由于 2010/2011 榨季我国食糖继续产不足需所致（图 10）。

（二）2010/2011 榨季我国进口食糖集中在榨季后期

2011 年 7—9 月，合计进口的食糖数量占 2010/2011 榨季进

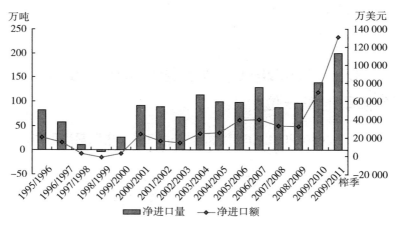

图 10　1995/1996 榨季以来我国食糖净进口量和净进口额变化

口总量的 55.5%；这 3 个月各月的进口量占 2010/2011 榨季进口总量的比重分别是 12.4%、20.5% 和 22.6%。而榨季初 2010 年 10 月的进口量，占 2010/2011 榨季进口总量的比重是 12.2%。2011 年 7—9 月合计进口的食糖金额占 2010/2011 榨季进口总额的 56.1%；这 3 个月各月的进口额占 2010/2011 榨季进口总额的比重分别是 12.2%、21.2% 和 22.8%。而榨季初 2010 年 10 月的进口额，占 2010/2011 榨季进口总额的比重是 8.9%（表 1）。

表 1　2010/2011 榨季各月食糖进出口情况

单位：吨，万美元

时间	出口量	进口量	出口额	进口额
2010 年 10 月	6 193.566	252 882.086	390.013	12 214.374
2010 年 11 月	11 110.261	23 034.327	659.236	1 466.537
2010 年 12 月	5 412.639	124 987.736	343.352	6 732.045

（续）

时间	出口量	进口量	出口额	进口额
2011 年 1 月	7 145.952	14 367.457	477.786	1 140.781
2011 年 2 月	2 851.980	19 650.630	249.081	1 655.036
2011 年 3 月	5 009.910	45 386.977	418.340	2 549.505
2011 年 4 月	7 125.456	157 507.527	572.504	12 658.918
2011 年 5 月	5 901.547	172 841.764	560.452	13 685.263
2011 年 6 月	7 644.088	110 798.954	614.012	7 877.763
2011 年 7 月	4 500.598	256 473.515	419.665	16 626.874
2011 年 8 月	3 861.010	423 794.328	362.886	28 932.208
2011 年 9 月	4 023.151	468 867.926	396.984	31 136.832
榨季合计	70 780.158	2 070 593.227	5 464.309	136 676.134

2010/2011 榨季我国食糖的进口数量及频率主要受国家宏观调控政策及国际糖价的影响。

（三）2010/2011 榨季我国食糖一般贸易净进口大幅增长

2010/2011 榨季我国食糖进口以一般贸易为主（192.3 万吨），占我国 2010/2011 榨季食糖进口总量的 92.9%。2010/2011 榨季我国一般贸易方式净进口食糖 190.3 万吨（其中包括 42.9 万吨的古巴糖），同比增长 47.4%，为近 16 个榨季的最大量（表 2、图 11）。

表 2　2010/2011 榨季各月一般贸易净进口食糖情况

单位：吨，万美元

时间	净进口数量	净进口金额
2010 年 10 月	244 197.2	11 677.5
2010 年 11 月	5 028.2	275.9

（续）

时间	净进口数量	净进口金额
2010 年 12 月	104 027.6	5 111.2
2011 年 1 月	7 483.4	498.4
2011 年 2 月	10 092.6	866.9
2011 年 3 月	34 190.2	1 602.6
2011 年 4 月	142 466.3	11 400.1
2011 年 5 月	157 514.8	12 494.0
2011 年 6 月	97 509.0	6 803.2
2011 年 7 月	235 720.8	15 054.5
2011 年 8 月	410 399.0	27 871.4
2011 年 9 月	454 600.7	29 986.6
榨季合计	1 903 229.9	123 642.3

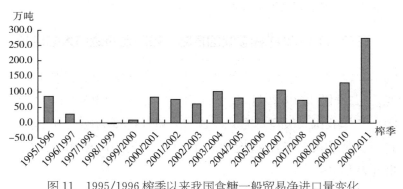

图 11 1995/1996 榨季以来我国食糖一般贸易净进口量变化

　　2010/2011 榨季一般贸易方式净进口食糖增加的主要原因是我国连续四个榨季产不足需造成的。一般贸易方式净进口的食糖对我国糖市是一个有效的补充，是国家宏观调控食糖市场的重要手段之一。

（四）2010/2011 榨季我国从巴西进口的食糖占我国食糖进口总量的 55.7%

2010/2011 榨季我国食糖进口来源国排前五位的国家依次为巴西、古巴、泰国、韩国和菲律宾。从这五国进口的食糖量占我国食糖进口总量的 98.2％，进口额占我国食糖进口总额的 98.5％（表 3）。

表 3　2010/2011 榨季我国食糖主要进口国家进口量和进口额对比

单位：吨，万美元，%

国家	进口量	进口量所占比重	进口额	进口额所占比重
总量（额）	2 070 593.2		136 676.1	
巴西	1 152 807.2	55.7	70 855.7	51.8
古巴	428 875.0	20.7	31 710.7	23.2
泰国	258 918.2	12.5	17 243.5	12.6
韩国	175 363.8	8.5	13 629.8	10.0
菲律宾	16 800.2	0.8	1 169.2	0.9

六、预计 2011/2012 榨季我国食糖进口将继续保持或略高于上榨季的水平

由于 2011/2012 榨季我国食糖产量当季仍是产不足需的局面，国内产需缺口仍较大。为保证国内食糖市场的有效供给，保证食糖价格的合理有序运行，预计 2012 年及 2011/2012 榨季我国食糖进口量将保持或略高于 2011 年、2010/2011 榨季的水平。

七、我国食糖进口的对策分析

（一）影响我国食糖进口的因素

1. 主要影响因素

影响我国食糖进口的因素主要有国内的食糖产量及消费量的变化，国际食糖产量及糖价、国内外食糖价差，汇率的波动，升贴水的变化，油费的涨跌等。

2. 全球食糖供给过剩对我国食糖进口有利

2011 年 2 月 21 日，国际糖业组织（International Sugar Organization，ISO)，预计 2011/2012 榨季全球食糖产量有望冲击 1.730 0 亿吨；全球食糖消费量将恢复常规 2.32％的增长率，达到 1.678 3 亿吨，全球食糖供给过剩量将达 517 万吨。而 2010/2011 榨季、2009/2010 榨季的消费增长率分别是 0.34％、0.93％。全球食糖消费增长率恢复到 2％以上，得益于糖价的逐步回落以及全球经济的增长与发展。全球食糖产量的过剩对国际糖价上涨形成一定的压力，对食糖进口国将是利好的消息。

（二）我国食糖进口的对策

我国食糖消费要立足依靠国内生产为主，适当进口为辅。为此，必须提高我国食糖的供给能力及国际竞争力。在提高我国食糖生产效率、保证食糖供给立足自给为主的前提下，须做好以下几方面的工作：

1. 抓住有利时机适时适量进口

在国际食糖供给大量过剩、国际糖价走低时，抓住时机适时适量进口，一方面满足当季国内食糖消费的产不足需，另一方面适当补充国储糖的不足，以备国内食糖供给紧张、糖价暴涨时，平抑糖价、满足需求。

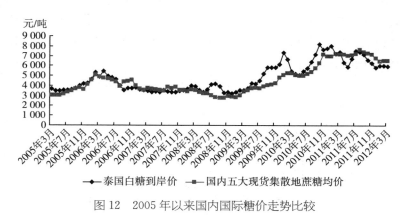

图 12　2005 年以来国内国际糖价走势比较

2. 充分利用国际食糖期货市场规避风险

有效利用成熟的国际食糖期货市场，组织期货专业人士发挥其作用；关注国际糖价的走势（图 13），并研究其规律性，为降低我国食糖进口成本做出应有的贡献。

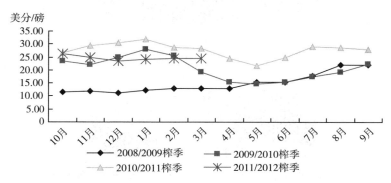

图 13　2008/2009 榨季以来纽约 11 号原糖期货月均价走势

3. 使食糖进口来源地结构更加合理

目前，我国食糖进口来源地相对集中。为保证我国食糖市场供求平衡，保障我国食糖进口安全，在充分利用传统食糖进口国的同时，尽量实现我国食糖进口来源地多样，以分散风险，保障安全。以下是 2009—2011 年我国食糖进口前几位国家的对比（图 14 至图 16）。

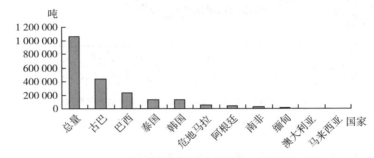

图 14　2009 年我国食糖进口排前十位的国家对比

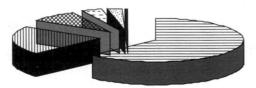

🄷 巴西　Ⅲ 古巴　🄧 韩国　▨ 澳大利亚　🄳 危地马拉　■ 缅甸

图 15　2010 年我国食糖进口排前六位的国家对比

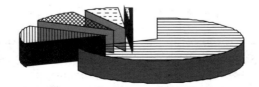

🄷 巴西　Ⅲ 古巴　🄧 泰国　▨ 韩国　🄳 菲律宾　■ 澳大利亚

图 16　2011 年我国食糖进口排前六位的国家对比

4. 管理好国营的配额，引导其他配额的使用

目前，我国食糖进口配额仍是 194.5 万吨。对于配额中可以掌控的 70％的进口糖，国家应首先确保这部分进口糖成为一般贸易方式的净进口食糖，而非是为了加工复出口，赚取部分的加工费，这样才能实现弥补我国食糖供给不足的进口目的。

对于配额中不易掌控的 30％进口糖，国家相关部门需制定一定的政策优惠、经济杠杆等导向性的措施，使得这部分糖也在保证企业进口利益的同时兼顾着成为一般贸易净进口糖，即尽可能大的比例成为弥补我国食糖消费不足的一般贸易净进口糖。

我国与古巴食糖贸易的特点及分析

一、古巴是我国第一大食糖进口来源国，占我国食糖进口量的 35.4％

　　1993—2005 年这 13 年我国累计进口食糖 1 435.9 万吨，从古巴进口的食糖量在我国食糖进口国中排第一，泰国、澳大利亚分别排第二、第三位。这 13 年我国从古巴累计进口食糖 508.6 万吨，占全国累计进口食糖的 35.4％，年均进口量 39.1 万吨（图 1），占全国年均进口量的 35.4％。我国对古巴食糖出口为

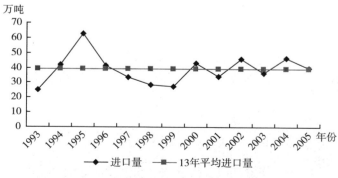

图 1　1993—2005 年古巴糖进口量变化

零，所以我国从古巴进口的食糖量即为净进口量、所进口的任何
形式的贸易糖均留在我国国内消费。

二、我国从古巴进口的食糖全部是"甘蔗原糖，未加香料或着色剂"，大都直接转入国储[①]

我国从古巴进口的食糖，全部是"甘蔗原糖，未加香料或着
色剂"，一般称之为原糖。

我国与古巴签订有长期的进口原糖协议，现从古巴年均进口
40 万吨左右原糖，基本上入储于中央直属库，大都直接转入国
家储备。待国内食糖供求等矛盾突出时放储，以达到调控糖价、
稳定市场，保护产业发展，调节各方利益的目的。

三、古巴糖作为我国国储糖的重要来源，起到了稳定我国食糖市场的积极作用

我国的储备糖制度建立于 1991 年，比粮食储备制度晚了一
年。当时计划经济与市场经济双轨运行，为保证中国向市场经济
逐步过渡，必须确保国家对经济发展和经济运行有强大的宏观调
控能力，于是几乎与建立粮食、棉花等战略储备同时，因当时国
内食糖产量剧增，为有效保护蔗农利益和制糖企业利益，以收储
国内产糖保护蔗农和制糖企业为核心宗旨的国家食糖储备制度得

---

① 文中的食糖分类是遵照中国海关的分类原则，对食糖分为以下 6 细类：甘蔗原
糖，未加香料或者色剂；砂糖；绵白糖；加香料或色料的甘蔗糖、甜菜糖及化学纯蔗糖；
甜菜原糖，未加香料或着色剂；未列名精制糖。下同。

以建立。一开始，国家储备糖的主要来源是通过国内收储和中古政府间贸易从古巴进口的原糖（当时每年 90 万吨，入储于中国糖业酒类集团公司所属的十余个仓库以及全国各地征用的大大小小百余个仓库。现在每年 40 万吨，基本上入储于中央直属库），后因一直未出库，随着进口量的增加，进口的古巴原糖又陆续存储于被征用的各地（包括产区）地方仓库。

这 13 年间，国储糖于 1996 年、1997 年、2000 年、2001 年、2004 年、2005 年，根据当时市场的变化，进行了不同数量的放储。对于补充当时食糖市场供给不足等发挥了积极的作用，保证了食糖价格的平稳运行。2005 年，根据食糖市场变化，国家已组织了 5 次竞卖，以期保证市场供应及价格的稳定。

四、古巴糖的进口是以一般贸易方式为主

根据海关统计数据，按 13 年的累计计算，不同贸易方式从古巴进口糖的比重分别是：一般贸易占 70%，进料加工占 16.9%，易货贸易占 8.9%，来料加工装配贸易占 4.3%（图 2）。

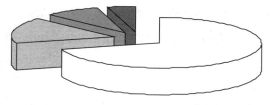

□ 一般贸易　■ 进料加工　■ 易货贸易　■ 来料加工装配贸易

图 2　1993—2005 年各贸易方式累计进口糖所占比重

五、进口的古巴原糖存储于被征用的各地方仓库，最多的是广东

根据海关统计数据，按 13 年的累计计算，从古巴进口糖的最多的是广东，占 28.2％，接下来的排序是北京 22.4％、江苏 13.3％、天津 11.6％、广西 9.1％、山东 5.5％、辽宁 4.3％、福建 2.9％、河北 1.4％、内蒙古 0.8％、湖南 0.3％、江西 0.2％（图 3）。

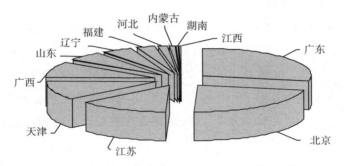

图 3　1993—2005 年各省（自治区、直辖市）累计进口糖所占比重

六、古巴对我国的食糖支持由来已久

从 1963 年 5 月 9 日中共中央、国务院批转的国务院财贸办公室《关于当前粮食、市场和商业改善经营管理情况的汇报提纲》中就可知，古巴对我国的食糖支持由来已久。其中有关"食糖问题"有一段专门阐述，具体内容照录如下：

目前食糖情况是"外松内紧"。市场上还是照常供应，实际上国家已经在挖库存，这样下去，明年的供应就要成为问题。

国内市场每年至少需要供应食糖 90 万吨到 100 万吨，其中，平价定量供应和工业用糖 70 多万吨，高价供应十几万吨。这两年国内生产和收购的数量很少，1961 年生产 38 万吨，收购 35 万吨，1962 年生产 32 万吨，收购 29 万吨。这两年食糖供应主要依靠从古巴进口，1961 年进口 170 万吨（包括借苏联的 50 万吨），1962 年进口 99 万吨。现在情况起了变化，1963 年进口食糖降低到 53 万吨，除了出口用糖（阿尔巴尼亚、东南亚、港澳地区）20 万吨以外，用于国内的只有 30 万吨。1963 年国内生产预计 30 万吨左右，收购 20 几万吨，加上进口糖用于国内的部分，共为 50 几万吨，远不能满足国内市场需要。今后几年古巴糖进口数量，预计每年只有 50 万吨左右，而且还有风险。

看来，今后对于食糖问题，必须下决心逐步实现主要依靠国内生产的方针。首先力争 1964 年国内产糖量增加到五六十万吨，然后再逐步提高到八九十万吨。要从现在起，就研究提高甘蔗和甜菜产量的一系列政策措施，夏季确定，秋后布置，明年见效。要像抓棉花、烤烟那样切实地抓糖料生产。

从 1993—2005 年古巴对我国的食糖出口，也能够体现古巴对我国的有力支持以及中古两国的深厚友谊，即使是在古巴糖料减产、国内产不足需的年份，一般仍坚持履行中古两国的协议。

我国与泰国食糖贸易的
特点及分析

一、泰国是我国第二大食糖进口来源国，占我国食糖进口量的 **25.0%**

1993—2005 年这 13 年我国累计进口食糖 1 435.9 万吨，从泰国的食糖进口量在我国食糖进口国中居第二位。这 13 年间我国从泰国累计进口食糖 358.6 万吨，占全国累计进口食糖的 25.0%，年均进口量 27.6 万吨，占全国年均进口量的 25.0%（图 1）。

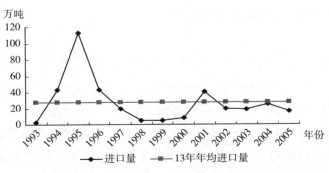

图 1　1993—2005 年泰国糖进口量变化

这 13 年间，我国只有 2003 年、2005 年分别对泰国出口了 300 吨和 100 吨的食糖，累计出口食糖仅为 400 吨，所以我国从泰国进口的食糖量几乎就是净进口量，所进口的任何形式的贸易糖都留在了我国国内消费。

二、我国从泰国进口的食糖主要是"甘蔗原糖，未加香料或着色剂"，占 92.0%

我国从泰国进口的食糖，主要是"甘蔗原糖，未加香料或着色剂"，一般称之为原糖，这 13 年共进口 330.0 万吨，占 92.0%。其他品种累计进口的数量及所占比重依次为：砂糖 24.2 万吨，占 6.8%；绵白糖 1.34 万吨，占 0.373%；加香料或色料的甘蔗糖，甜菜糖及化学纯蔗糖 1.31 万吨，占 0.366%；甜菜原糖，未加香料或着色剂 1.00 万吨，占 0.28%；未列名精制糖 0.81 万吨，占 0.23%。

三、一般贸易方式进口的泰国糖占 34.5%，我国对泰出口食糖极少

根据海关统计数据，按 13 年的累计计算，不同贸易方式从泰国进口糖的比重分别是：一般贸易占 34.5%，进料加工占 32.9%，来料加工装配贸易占 31.6%，华侨捐赠占 1.1%（图 2）。

这 13 年我国对泰国累计出口食糖仅为 400 吨，所以从泰国进口的食糖量几乎就是净进口，所进口的任何形式的贸易糖都留在了我国国内消费；我国对泰国食糖的出口为一般贸易方式，品

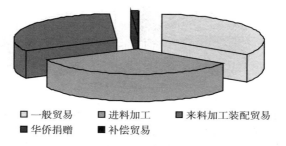

□ 一般贸易　　■ 进料加工　　■ 来料加工装配贸易
■ 华侨捐赠　　■ 补偿贸易

图2　1993—2005年各贸易方式从泰国累计进口糖所占比重

种为"未列名精制糖"，是从福建厦门海关出口的，时间分别是
2003年、2005年，数量分别为300吨、100吨。

四、进口到岸泰国糖最多的是广东省，发挥了其加工优势

根据海关统计数据，按13年的累计计算，从泰国进口糖最
多的是广东，占39.5%，发挥了沿海地区加工贸易优势。接下
来的排序是广西24.0%、北京10.4%、福建7.8%、内蒙古
6.1%、山东2.8%、江苏2.2%、黑龙江1.4%、河北1.2%、
天津1.0%、辽宁0.8%、安徽0.6%等（图3）。

五、泰国是亚洲最大、世界第二大食糖出口国

泰国是亚洲最大的食糖出口国，亦是世界第二大食糖出口
国。其国内年食糖消费量约190万吨，其余部分以各种方式出口

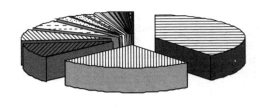

☐ 广东　▥ 广西　▨ 北京　◩ 福建　☐ 内蒙古　▤ 山东
◪ 江苏　⊞ 黑龙江　▦ 河北　▨ 天津　☐ 辽宁　▨ 安徽
■ 上海　■ 江西　▦ 山西　■ 吉林　■ 浙江　⊠ 四川
■ 海南　☐ 河南　☐ 云南

图 3　1993—2005 年各省（自治区、直辖市）
从泰国累计进口糖所占比重

到国际市场，其出口目的地主要是亚洲国家、俄罗斯及美国。泰国的食糖生产、出口情况及糖业政策对国际市场，尤其对亚洲市场有一定影响。

2002/2003 榨季泰国的食糖产量曾创下 730.3 万吨的纪录，虽然 2004/2005 榨季泰国的食糖产量因连遭干旱冲击、国际糖价偏低以及甘蔗种植面积缩减等因素呈下降趋势，而且 2005/2006 榨季泰国的食糖产量仍可能继续下滑，但泰国食糖产业在国际食糖市场中仍占有相当高的地位，尤其是在亚洲。借助地缘优势，泰国每年向包括中国在内的亚洲等国市场输送的食糖数量仍高达数百万吨。

六、泰国糖作为我国食糖市场的重要补充，对保障我国食糖市场的稳定起到了积极的作用

这 13 年里，我国从泰国进口的食糖量在 1995 年曾达到

112.3 万吨，1995 年我国共进口食糖 295.4 万吨。入世后，泰国成为中国重要的进口糖来源地，2001—2005 年我国从泰国进口的食糖量分别是 40.4 万吨、19.2 万吨、18.5 万吨、25.3 万吨和 16.2 万吨；进口量的波动与泰国糖产量的增减及价格的上涨有很大的关系。

七、以出口为导向的泰国农业，对国际市场有较强的依赖性

泰国自 20 世纪 60 年代开始实施以出口为导向的农业发展战略，农业生产对国际市场的依赖性越来越大。泰国橡胶在国际市场上独占鳌头，其生产情况也随着国际市场的行情而波动。60 年代，泰国橡胶年产量仅 17 万吨，70 年代，由于日本、美国和韩国等国家需求旺盛，泰国橡胶业迅速发展，种植面积达到 160 万公顷，1991 年泰国橡胶产量为 125 万吨，出口量达 120 万吨。1993 年以来更是如此。

甘蔗的种植以及食糖的生产情况同样视国际市场的需求和行情而增减。甘蔗是泰国传统的经济作物，70 年代以来，生产发展更加迅速。泰国甘蔗主产区（中部、北部和东北部）的种植面积迅速扩大、产量大增，从 1968 年的 587.9 万吨增加到 1976 年的 2 609 万吨，同期糖的产量也由 18.87 万吨增加到 236 万吨。1994 年泰国甘蔗产量已达到 5 046 万吨，食糖产量增加到 397 万吨。近五个榨季（2001/2002 榨季至 2005/2006 榨季）平均食糖产量 650.14 万吨，国内平均消费量 188.44 万吨，平均出口量 458.38 万吨，为零进口。

　　不仅种植业如此，畜牧业和水产业也是如此。在国际市场上销路好的农产品得到优先发展，市场的驱动使泰国在传统的农产品、罐装食品以及新兴的冷冻食品的出口中取得了多种产品名列世界前列的好成绩。近年来，随着《乌拉圭回合农业协议》的签订，泰国在大米、木薯、棕榈油的出口方面遇到了一些问题，所以泰国政府准备引导农民将原来种植这几种农作物的地区改种其他作物，如鼓励农民由种水稻改种其他经济作物，从事家禽家畜的饲养等，以增加农民的收入。

我国与澳大利亚食糖贸易的特点及分析

一、澳大利亚是我国第三大食糖进口来源国，占我国食糖进口量的 19.6%

1993—2005 年 13 年间我国累计进口食糖 1 435.9 万吨，从澳大利亚进口的食糖量在我国食糖进口国中居第三位。这 13 年间，我国从澳大利亚累计进口食糖 282.0 万吨，占全国累计进口食糖的 19.6%，年均进口量 21.7 万吨，占全国年均进口量的 19.6%（图 1）。

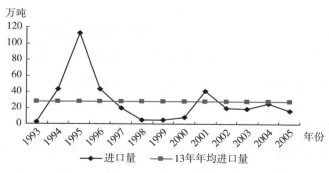

图 1　1993—2005 年澳大利亚糖进口量变化

这 13 年间，我国每年对澳大利亚都有少量的出口，最少的一年是 2003 年，出口量为 125.1 吨；最多的一年是 1995 年，出口量为 407.4 吨；累计出口量为 2 908.3 吨；累计净进口食糖 281.8 万吨。所以我国从澳大利亚进口的食糖量基本上也就是净进口量，所进口的任何形式的贸易糖基本都留在了我国国内消费。

二、我国从澳大利亚进口的食糖主要是"甘蔗原糖，未加香料或着色剂"，占 97.7%

我国从澳大利亚进口的食糖，主要是"甘蔗原糖，未加香料或着色剂"，一般称之为原糖，这 13 年共进口 275.6 万吨，占 97.7%；砂糖共进口 6.3 万吨，占 2.2%。

三、进料加工方式进口的澳大利亚糖占 45.2%，我国对澳出口食糖很少

根据海关统计数据，按 13 年的累计计算，从澳大利亚按不同贸易方式，进口的食糖所占比重依次是：进料加工占 45.2%，一般贸易占 30.7%，来料加工装配贸易占 22.8%，华侨捐赠占 1.2%（图 2）。

这 13 年我国对澳大利亚累计出口食糖 2 908.3 吨，从澳大利亚进口的食糖量基本上也就是净进口，所进口的任何形式的贸易糖都留了我国国内消费。从 13 年累计看，我国对澳大利亚

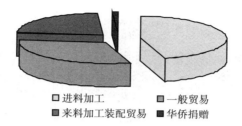

图2 1993—2005年各贸易方式从澳大利亚累计进口糖所占比重

食糖的出口以一般贸易方式为主，占94.4％，来料加工装配贸易、进料加工方式很少，分别占5.1％和0.5％。出口的食糖品种以"未列名精制糖"为主，占75.4％；甘蔗原糖，未加香料或者色剂占23.0％；加香料或色料的甘蔗糖，甜菜糖及化学纯蔗糖很少，占1.5％；砂糖仅占0.2％。从13年累计看，出口量前五位的海关及所占比重分别是：江门海关，占31.6％；广州海关，占22.4％；黄埔海关，占18.0％；九龙海关，占12.6％；拱北海关，占11.0％。

四、进口澳大利亚糖最多的是广东省，发挥了其加工优势

根据海关统计数据，按13年的累计计算，从澳大利亚进口糖最多的是广东，占57.5％，发挥了沿海地区加工贸易优势。接下来的排序是广西13.5％、北京11.0％、福建8.4％、山东3.9％、内蒙古1.5％、河北1.1％、天津0.9％等（图3）。

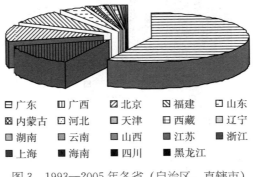

□ 广东　　□ 广西　　▨ 北京　　▧ 福建　　□ 山东
▩ 内蒙古　□ 河北　　▤ 天津　　▥ 西藏　　□ 辽宁
▥ 湖南　　▤ 云南　　▥ 山西　　▥ 江苏　　■ 浙江
■ 上海　　▨ 海南　　■ 四川　　■ 黑龙江

图3　1993—2005年各省（自治区、直辖市）
从澳大利亚累计进口糖所占比重

五、澳大利亚是世界第三大食糖出口国，对亚洲的出口占 **60%**

　　澳大利亚是处于南半球的主要产糖国，是世界第二大食糖出口国，产品以原糖为主。其90%的原糖产自昆士兰州，全国80%的产糖供应国际市场。虽然21世纪初澳大利亚食糖生产连年遭遇病虫害和干旱的冲击，加上政府为提高食糖产业的生产效率对糖业进行重组，其糖产量曾下滑至不足400万吨的水平，但近年来澳大利亚的食糖生产又有所起色，糖产量已回升到500万吨的水平，经过重组，2004/2005榨季澳大利亚的食糖产量已接近530万吨的水平，不过，受重组后遗症影响，估计2005/2006制糖年澳大利亚的食糖产量将有所下滑。尽管澳大利亚食糖产量在减少，但该国依然是仅次于巴西和泰国之后的世界第三大原糖出口国。

食糖作为澳大利亚第二大的出口作物和昆士兰州最大的农业商品，对澳大利亚的经济有着非常重要的贡献。每年的食糖销售额约 20 亿澳元。主要出口到马来西亚、日本、韩国、中国、加拿大和新西兰，其中对亚洲国家的出口占 60％左右。

六、澳大利亚是我国重要的进口糖来源地之一，是我国食糖市场的一个重要补充

这 13 年里，我国从澳大利亚进口的食糖量在 1994 年最多，为 64.2 万吨（1994 年我国共进口食糖 155.2 万吨）；最少的一年是 1999 年，为 4.0 万吨（1999 年我国共进口食糖 41.7 万吨）。澳大利亚是我国重要的进口糖来源地之一，2001—2005 年我国从澳大利亚进口的食糖量分别是 20.0 万吨、36.2 万吨、7.5 万吨、12.1 万吨和 24.3 万吨。2005 年我国从澳大利亚进口食糖量的增加与当年泰国糖价格的上涨有很大的关系。

七、澳大利亚糖业具有很强的国际竞争力

澳大利亚依据《食糖工业法》对国内糖业进行管理，在严格的法律制度基础上，各管理机构之间分工明确，职责清晰，且有一定的制约机制；实行严格的蔗区管理程序和稳定的甘蔗供应协议；制定合理的利益分配机制，确保蔗农甘蔗款的兑付。

政府对糖业基本无补贴，但实行配额管理，对糖厂产品中内销及外销的比例进行控制，其生产成本大约在 7 美分/磅，澳大

143

利亚的食糖生产及出口情况对国际糖价有一定的影响。

澳大利亚是世界上较早实施甘蔗按质论价收购的国家,已形成了全国统一的甘蔗检测计价方法。在全国 33 家原糖厂中有 15 家糖厂(主)与糖农共有,其余属私人公司,蔗农交售甘蔗后,除按甘蔗质量得到合理蔗款,糖厂利润的三分之二也分给蔗农,由于工、农利益一致,激发了农户推广采用良种,提高蔗糖分和单产的积极性。澳大利亚糖厂人员设置精干、工作效率高。例如:日榨甘蔗 18 000 吨的维多利亚糖厂,全厂职工仅 240 人,每个班工人仅 20 人,全厂工程技术、化学管理人员 60 人,占 25%(我国 3 000 吨规模糖厂职工达 600 人以上)。澳大利亚糖厂用人控制严格,无闲散人员。工作人员文化程度高;早在 80 年代,糖厂就实现了应用计算机进行数据处理、资料检索,处理日常各种结算、产品销售、燃材料供应等业务。

第三篇 PART THREE
产业调研及政策研究

我国糖料与食糖产业存在的问题及对策建议

近年，我国糖料种植面积在 2 100 万亩左右，其中甘蔗种植面积占 87％、甜菜种植面积占 13％，甘蔗的主产区在广西、云南，甜菜的主产区在内蒙古、新疆；我国食糖产量在 1 000 万吨左右，其中甘蔗糖占 88％、甜菜糖占 12％；我国食糖消费突破 1 500 万吨，产不足需缺口 500 万吨左右。现结合 2021 年 5 月中旬广西崇左市扶绥县甘蔗生产情况调研，分析我国糖料与食糖生产存在的主要问题，并提出对策建议。

一、广西糖料与食糖生产基本情况

1. 全区的基本情况

一是近年来全区甘蔗年均种植面积为 1150.8 万亩，占全国糖料种植总面积的 54.4％，全区甘蔗种植主要集中在崇左、来宾、南宁和柳州，户均不足 10 亩。二是全区甘蔗亩均产量为 4～5 吨，高于 3.9 吨/亩的全国平均水平。三是全区年均食糖产量为 575.4 万吨，占全国食糖总产量的 58.1％。

2. 崇左市的基本情况

近年，崇左市每年甘蔗种植面积维持在 400 万亩以上，户均面积 14.37 亩，年均单产 4.3 吨/亩，其中"双高"基地（200 万亩）平均单产 5～6 吨/亩，甘蔗总产量年均 1 700 万吨，产糖量年均 210 万吨。崇左是广西甘蔗种植面积最大的市，在甘蔗生产过程中，采用机械化种植和收获能够提高作业效率，降低生产成本。但从目前的情况看，甘蔗生产全程机械化中还存在规模化程度不高、农机农艺结合不够、蔗农对机械化种植热情不高等问题。

3. 扶绥县的基本情况

近年，扶绥县甘蔗种植面积保持在 100 万亩以上，平均亩产约 4.5 吨，年均产糖量约 60 万吨。甘蔗生产耕种收综合机械化水平位居广西县区前列，是广西糖料蔗主要生产基地，素有"全国甘蔗看广西、广西甘蔗看崇左、崇左甘蔗看扶绥"之美誉。但调查发现，扶绥县糖业发展仍存在瓶颈及亟待解决的问题。

二、我国糖料与食糖产业存在的主要问题

1. 甘蔗生产成本居高不下，难以实现规模化，机械化程度低

以崇左市扶绥县为例，一是砍蔗人工成本逐年走高，2018 年平均砍蔗人工成本约为每人每天 105 元，2019 年为 120 元，2020 年超过 130 元，人工费用占 50％以上。二是地租成本过高，平均蔗地流转承包租金约为 650 元/亩，较广东高出约 300 元/亩，较云南省高出 350 元/亩。三是由于地租过高，规模化推进

困难，大部分"双高"基地，又重新分给蔗农经营，全县甘蔗种植仍然以散户为主。调查中了解到，甘蔗种植规模化受限于地租太贵，香蕉用地（1 000~1 200 元/亩）推高了地租。而种甘蔗，若地租超过 600 元/亩，农民就没得赚了；没有适度规模，就谈不上机械化等。崇左市所建成的 200 万亩甘蔗"双高"基地，由于地租太贵（1 000 元/亩），没有合作社或专业公司来经营，只好又重新让农户抽签把地分到各家各户了。所建成的"双高"基地掌握在大户、合作社或专业公司手中的不足 10%。四是规模化推进难，致使机械化程度难以提高。扶绥县能实现机收的蔗地面积约 26.5 万亩，其中高效机收蔗地 5 万亩，仅占 11.3%。主要受蔗地宜机化程度不足，部分片区种植行距不达 1.2 米，耕作面坡地落差、细石、机耕道路建设标准不高等因素影响。全国甘蔗机收率不足 5%。

2. 糖料收购价高、制糖成本高、糖价高

近年，我国糖料收购均价高达每吨 491 元，是泰国的 3 倍、印度的 2.3 倍、巴西的 2 倍多，这就造成我国制糖成本高。糖料成本是我国制糖的第一大成本，占制糖总成本的 70%，占比世界最高。这就导致我国糖价高、内外价差巨大，每吨巴西食糖进口到岸完税价经常性比我国糖价便宜 1 000 多元甚至 2 000 多元。

3. 利益共享、风险共担机制不健全，市场化程度不高、竞争意识不强，发展后劲不足

一是我国糖料作物是典型的"订单农业"，糖料收购价较为固定，而糖价随行就市，波动较大，市场风险过度集中于糖企。糖厂与糖农间利益共享、风险共担的机制没有真正建立起来。调查中，崇左市订单违约问题还是较为突出的，有蔗农违约，将甘蔗卖给高价收购的其他糖企或卖给中介商（蔗贩子）；也有糖企违约，优先收购外区甘蔗或订单合同以外的甘蔗进厂压榨。二是我国部分食糖主产区长期以来对国家政策依赖度较高，等靠要思想严重，行情好时"闷声发财"，不愿投资引进先进的生产设备、改善生产工艺，行情差时则向国家伸手要政策、要资金，缺乏市场竞争意识，发展后劲不足。三是甘蔗良种繁育基地难于维持。就扶绥县来说，由于各项补贴政策落地困难，甘蔗良繁基地所使用的按芽段供种方式享受不到政策覆盖；土地租金过高；传统自留种用种方式让良繁基地的销售量无法提升，致使 2019 年和 2020 年 8 个良繁基地的建设项目被撤销。

4. 政策支持力度不够，新政出台面临内外压力

一是虽然近年国家出台了许多政策措施（如临时收储、自动进口许可、贸易保障措施关税等）扶持食糖产业发展，短期内起到了一定的作用，但对于产业发展并不具有长期的促进作用。二是调查中有关部门反映国家糖料蔗脱毒、健康种苗推广补贴政策执行期太短，仅 2020—2022 年三年。三是当前我国食糖产业发展再度面临严峻挑战，行业对国家政策的呼声愈发高涨，纷纷要求国家出台糖料直接补贴。但是在当前的贸易环境下，新的扶持政策出台，不仅面临较大的外部压力，而且面临着内部不同产区之间利益平衡的问题。

三、对策建议

1. 建议糖料蔗脱毒、健康种苗补贴政策适当延长

为扶持糖料生产，从 2020 年起国家出台了糖料蔗脱毒、健

康种苗推广补贴政策，即每亩补贴 350 元，到 2022 年结束。从政策执行效果看，对稳定糖料蔗种植面积起到了重要作用。广西糖料生产在全国具有举足轻重的地位，为进一步稳定糖料生产，建议对种植面积在 100 亩以上的大户，适当延长此项政策。

2. 降低生产成本、提高生产效率，积极推进"双高"基地的有效利用

一是扩大种植规模。鼓励种植大户、家庭农场和农民专业合作社等新型农业经营主体开展规模连片种植，对规模种植给予地租补贴、项目倾斜。二是充分利用好已建成的"双高"基地。没有适度规模就难以实现机械化，没有机械化就难以降低成本、提高效益。建议广西地方研究具体措施，让所建成的"双高"基地切实发挥其规模效益。比如对承包 500 亩或 600 亩以上"双高"基地的合作社或大户，采取稳定地租、地租补贴等鼓励政策；或应在"双高"基地建设前就给出这样一系列约定，建成后的地租不得高于改造前的地租水平。地方相关部门要开展大量细致的工作，否则国家地方投入巨大人力物力建成的"双高"基地化整为零，违背了建设的初衷。地方要研究给出可行性的方案。用好已建成的"双高"基地，让其成为规模化、机械化的示范区，并进一步向更大范围推广。三是提高机械化水平。进一步放宽专业机械的农业补贴范围，提高农用机械的购机补贴额度，加快研发适用于坡地生产的小型甘蔗机械。改进传统种植习惯，促进农艺与农机融合发展。四是合理套种，增加收入。据调研了解到，下岗工人刘小平 2021 年在扶绥县岜平乡四合村承包甘蔗地 650 亩，租金 800 元/亩，采取套种西瓜的方式增加单位面积的产出，以消化过高的租金、劳动力成本，预计收益较理想，后期将继续跟踪相关情况。

3. 推进糖料定价体系等一系列改革，稳定国内市场秩序

一是逐步建立起以含糖率为主要标准的糖料定价体系，实行优质优价。二是加快建设良种繁育体系。三是延伸产业链，实现综合效益最大化；整合糖企资源，淘汰落后产能。四是加强产区管理，杜绝抢甘蔗的现象，加强市场管理，切实防范过度投机炒作。

4. 完善政策体系

一是对我国食糖的保障能力做科学测算，控制好食糖进口的总量和节奏，严厉打击走私，利用好国内外两个市场，确保我国食糖供需平衡。近年，我国食糖产需缺口在 500 万吨左右，进口连年攀升，目前，我国食糖自给率不足 70%，仍存在下降的可能，我国食糖保供风险提升。二是国家政策导向应该引导市场主体重视自身竞争力提升，降低市场主体对政策及财政资金的依赖和预期。三是注重吸纳和推广优秀糖企的创新思维及创新做法。

2020/2021 榨季初我国食糖生产进程及市场形势调研分析

进入新榨季，我国糖业形势不乐观。国际，新冠肺炎疫情全球蔓延，世界经济深度衰退；国内，生产成本居高不下，加工产能严重过剩，各主产区发展不均衡；新糖销售平淡，糖价存在下行压力。

据中国糖业协会统计，截至 2020 年 11 月底，北方甜菜糖厂已有 2 家收榨，南方甘蔗糖厂相继开机生产。全国已开工生产的糖厂有 78 家，比上榨季同期减少 8 家。本榨季全国累计产糖 111.32 万吨，比上年同期减少 15.94 万吨。其中，产甘蔗糖 21.55 万吨，同比减少了 15.95 万吨，产甜菜糖 89.77 万吨，同比增加了 0.01 万吨。本榨季全国累计销售食糖 43.39 万吨，比上年同期减少了 13.46 万吨，累计销糖率 38.98%，同比减少 5.69 个百分点。

一、北方甜菜糖

（一）内蒙古 9 月 20 日首家糖厂开榨

1. 率先开榨

从内蒙古自治区糖业协会了解到，2020 年 9 月 20 日内蒙古

晟通糖业开榨，拉开 2020/2021 榨季我国食糖生产序幕。随着
10 月 16 日凌云海奈曼糖厂顺利开机，2020/2021 榨季内蒙古计
划开机的 12 家糖厂已经全部开机生产。

2. 陈糖已售罄，新糖成交一般

截至 9 月底，内蒙古 2019/2020 榨季的陈糖全部销售完毕，
新糖不同时段的报价为 5 450 元/吨、5 400 元/吨、5 300 元/吨。
据了解，新糖成交情况并不乐观，但相对于广西糖的 5 520～
5 540 元/吨，以及加工糖的 5 560～5 580 元/吨，仍具有一定的
比较优势。

（二）新疆 9 月 25 日开机生产

从新疆维吾尔自治区糖业协会了解到，2020 年 9 月 25 日，
新疆新宁糖厂、新疆绿华糖业 2 家糖厂开机，正式拉开 2020/
2021 榨季食糖生产序幕。截至 10 月 13 日，随着焉耆糖厂开机
生产，新疆 15 家糖厂全部开榨。截至 11 月底，新疆已有 1 家糖
厂收榨。目前新糖售价在 4 750～5 000 元/吨。

二、南方甘蔗糖

（一）云南 11 月 5 日开机生产

1. 开榨时间首次早于广西

据沐甜科技报道，云南英茂糖业（集团）有限公司的勐捧糖
厂，于 2020 年 11 月 5 日顺利开榨，标志着云南省制糖企业正式
拉开 2020/2021 榨季食糖生产序幕。比去年同期提前 7 天，也是
近 5 个榨季以来，首次开榨时间早于广西。截至 12 月 2 日累计

开榨 8 家，同比增加 7 家。

2. 陈糖对新糖造成一定的影响

截至 11 月底，云南预估社会第三方库存还有 20 万吨左右陈糖。受陈糖影响，云南新糖报价有一定的下调，新糖报价在 5 310 元/吨、5 290 元/吨、5 270 元/吨、5 260 元/吨、5 240 元/吨、5 220 元/吨、5 210 元/吨。目前新糖上市量有限，进入 12 月中旬后云南进入开榨高峰期。

（二）广西 11 月 9 日开机生产

1. 开榨时间与上榨季持平

据沐甜科技报道，11 月 10 日南宁糖业明阳糖厂正式开榨，开榨时间与上榨季持平。截至 12 月 7 日，广西累计 59 家糖厂开榨。

2. 新糖采购反应一般，糖价不断下调

目前新糖已大量上市，新糖销售不太活跃，现货压力大于期货。新糖预售价位 5 420 元/吨、5 360 元/吨、5 260 元/吨、5 220元/吨、5 200 元/吨、5 180 元/吨、5 170 元/吨、5 100 元/吨，呈下调的走势。12 月 7 日，广西南华陈糖报价也跌至 5 020 元吨，随后陈糖宣布清库。

三、开榨初期市场形势分析

（一）销量不理想

在新榨季开始，新旧榨季交替、市场糖源不足的基本面下，食糖销售没有给出理想销量，主要是由于国产糖（甘蔗糖）在进口糖、糖浆（及北方糖）等多方糖源的冲击下，价格优势尽失，销量一直表现平平。

（二）国内糖价承受下行压力

目前食糖消费处于相对淡季，需求不旺，终端采购积极性较弱，成交较为平淡；陈糖去库存较缓慢，价格比新糖价优惠，销量比新糖略好；加之其他糖源的冲击，导致新糖上市销量不如预期，致使国内糖价下跌；随着新产糖进一步增加，国产糖供应进入高峰期，由于销量不佳，本榨季提前进入累库阶段。

（三）期待春节备货拉动

同时，食糖消费旺季也将来临，期待 12 月中下旬春节采购启动后，能对国内食糖市场有一波消费行情的拉动，有利于缓解糖价的颓势，糖价有望企稳回升。

四、艰难的糖业， 可喜的星光

（一）寻求突破糖业困境

我国糖业一直受国际低糖价与国内高制糖成本的双重挤压。进入新榨季，糖业形势不容乐观。国际，新型冠状病毒肺炎疫情全球蔓延，世界经济深度衰退；国内，生产成本居高不下，加工产能严重过剩，各主产区发展不均衡。

为了行业的生存与发展，为了广大糖农的收益，为了企业的利益和发展，糖协、各涉糖部门、各级领导，各主产区都在积极筹措，逆境中谋生存求发展。一方面谋求政策支持、财政支持，加大打私力度；另一方面，糖企、产区和主产区积极向内、从行业自身找出路，积极谋求行业可持续发展的道路。

（二）思想理念悄然变化

1. 来自主产区观念的可贵变化

2020年糖会，广西壮族自治区糖业发展办公室主任发言表示："国产糖要降本增效，提高生存能力、抗击打能力；进口加工糖要合理控制规模，防止资金、资源的浪费"，不再一味地向上强调要求来自国家政策方面、财政方面的扶持。"等靠要"的思想在淡化，目光逐步转向行业内寻求思变，谋求长远发展。这是观念上的"质"突破，是可喜可贵的飞跃。

2. 拉长产业链，把一根甘蔗"吃干榨尽"

据《来宾日报》2020年6月17日报道，作为传统种蔗大市，广西来宾市结合自身糖业发展实际，坚持以"稳住糖、延伸糖、超越糖、做强糖"的工作思路，全力推进"双高"糖料蔗基地建设和良种推广实现"高产高糖"，依托产业优势，拉长产业链条，致力糖业全产业链循环经济融合发展，助推来宾市"甜蜜事业"高质量发展。

为把一根甘蔗"吃干榨尽"，助推糖业高质量发展，近年来，来宾市立足糖业产业资源优势，围绕提质增效，突出发展糖业循环经济产业链，形成了制糖、精深加工、蔗渣、浆纸、环保餐具一体化发展，酵母、酵母抽提物，废水浓缩（液态、粉状）有机肥、滤泥—生物有机肥—还田，蔗叶蔗梢饲料加工、畜牧养殖等产业体系。蔗渣、糖蜜、滤泥循环利用率均达100%，年制糖及副产品综合利用产值近100亿元，其中，循环经济产值36亿元以上。

（三）甜菜从"以量计价"到"以糖计价"的质变

在当前糖业普通亏损的情况下，张北博天糖业立足自身、从内部挖潜力，力求走可持续发展的道路，下决心改革过去单纯"以量计价"的传统甜菜收购方式，果断推出"以糖计价"的甜菜收购方式。"以糖计价"不再仅仅只是按甜菜的重量付款，而是与甜菜的含糖率紧密挂钩。

＞18％含糖率对应的甜菜价收购价：545 元/吨

16.5％～18％含糖率对应的甜菜价收购价：500 元/吨

13％～16.5％含糖率对应的甜菜价收购价：395 元/吨

＜13％含糖率的甜菜，制糖企业拒收。

2019/2020 榨季，通过实施"以糖计价"方式，糖农平均每吨甜菜（比实施前的 2018/2019 榨季）多收入 24 元。而对于糖厂来说，没有了注水甜菜，出糖率得到了大大的提高，糖厂的吨糖成本得到了降低。2020/2021 榨季将继续实施"以糖计价"，甜菜收购对应价格不变。

"以糖计价"，是一次革命性突破。事实证明，"以糖计价"的措施杜绝了注水菜，让诚信的人不吃亏，使广大糖农树立起诚信为本的理念，避免了投机取巧、损人利己的短视行为。更重要的是，真正让"糖料种植"成为糖企的第一车间，引领和促进甜菜种植户转向注重甜菜的质量（含糖率）而非只是甜菜的重量（注水菜），使糖农、糖企有了共同的关注点、共同的利益，解决了多年来横亘于糖农、糖企之间的核心矛盾。企业既能降本增效，又兼顾了（农、企）双方利益的均衡，做到了双方关系和谐，最终实现双赢。

广西糖料及食糖生产情况调研

一、对广西甘蔗及食糖生产重要性的认识

(一) 对广西甘蔗产业的认识

1. 有得天独厚的资源优势

广西地处南亚热带季风气候区，糖料蔗主产区年均气温22℃，年均降水量1 300毫米，雨热与糖料蔗生长同季，是我国乃至全球最适宜种蔗地区之一。广西有旱地2 580万亩，2008年全区糖料蔗种植面积占耕地总面积的20%，占旱地面积的54.16%。

2. 有显著的生产和技术优势

广西糖料蔗种植历史悠久，目前面积和产量均占全国一半以上；平均单产和含糖量居全国前列，已达到或接近巴西、美国等国家先进水平。长期的甘蔗种植使蔗农积累了丰富的生产经验，科技成果的推广应用和科研实力的增强成为支撑产业发展的强大力量。

3. 制糖企业比较效益优势明显

目前广西制糖企业日处理甘蔗能力达到62万吨，全区产糖

量居全国第一位；生产质量、成本、产值、税利、综合利用和农民增收等多项指标处于国内先进水平。全区蔗糖业在全国占有市场份额大，省际贸易糖占 75％以上。产业拉动作用大，经济优势突出，市场需求前景广阔，产业发展后劲较足。

（二）甘蔗产业对广西乃至全国经济社会做出的重要贡献

糖料蔗是广西传统优势产业，对促进广西经济发展、蔗农增收和全国食糖有效供给作出了重要贡献。

1. 政策稳定，发展环境良好

自 1988 年国务院把广西作为全国重点糖业生产基地开发建设以来，中央和自治区逐步建立和完善食糖宏观调控体系，先后出台了食糖信贷（工业短期临时储备）、限制糖精替代、食糖进口关税配额、食糖出口退税、食糖国家储备和糖料管理政策，中央财政安排专项资金扶持优势区域糖料基地建设、支持糖料良种培育和糖业技术研发，实行糖料收购价与糖价联动机制，推行糖料"订单农业"等，为全区蔗糖业持续发展提供了良好的政策环境。

2. 稳定发展，规模全国第一

2009 年，广西糖料蔗种植面积 1 556 万亩，总产 6 398 万吨，比 2000/2001 榨季分别增加 1.12 倍、1.29 倍，比 2005/2006 榨季分别增加 43％、29％；2009/2010 榨季进厂原料蔗总量 5 569 万吨，产糖 711.8 万吨，比 2000/2001 榨季增加 1.57 倍，比 2005/2006 榨季增长 32％，占全国总产糖量 66.14％。2010 年受极端天气影响，全区种植面积 1 567 万亩，总产 6 880 万吨，分别比 2005 年增长 46％、38.7％。

3. 体系较全，竞争力较强

广西糖业形成了以股份制企业集团为龙头的资本多元化、企业集团化发展格局，形成了种植、加工、销售等配套较为完整的产业体系，构建了与蔗农紧密联结、利益共享、风险共担的产业化经营机制。全区现有33家制糖企业，103家糖厂，总日榨蔗能力62万吨。其中日榨蔗能力万吨以上的糖厂23家，最大的日榨蔗量2.4万吨。

4. 布局优化，产业集聚度高

"十一五"期间，广西全面推进糖料蔗高产高糖高效生产，优化区域布局，形成了"重点发展崇左、来宾、南宁、柳州等主要蔗区，因地制宜巩固发展百色、河池以及部分桂东南和沿海蔗区"的产业格局，建立了稳固的糖料蔗重点生产基地。2010年，全区33个糖料蔗优势区域县（市、区）全年糖料蔗种植面积1 326万亩，产蔗量5 947万吨，糖料蔗生产能力占全区的86.5%。

5. 贡献突出，支柱地位稳固

2010年全区机制糖蔗区有56个县（市、区）、751个乡镇生产糖料蔗，蔗农1 200万人；糖料蔗总产占全区主要经济作物总产的70%以上，商品率高达90%。糖料蔗生产已成为广西大部分市、县的优势产业和支柱产业。2009/2010榨季蔗农销售糖料蔗总收入199.51亿元，糖业销售收入337.9亿元，实现利税总额89.15亿元。

6. 推广有力，技术水平不断提高

2010年，全区"吨糖田"技术推广348万亩。新台糖、桂糖和粤糖系列高产高糖良种普及率达到95%以上，其中新台糖系列品种占 90%。旱地甘蔗高产栽培、蔗地机械深耕深松、测土配方施肥、秋冬植蔗地膜覆盖栽培、新型间套种、生态蔗园建设以及病虫草鼠害综合防治等多项实用技术得到广泛应用，糖料蔗生产水平进一步提高。2009 年，全区糖料蔗平均亩产量 4.69 吨，比 2000 年提高 0.87 吨，比 2005 年提高 0.11 吨；制糖生产吨糖耗蔗量从 2000 年以前的 9 吨左右下降到 8 吨左右，榨季平均蔗糖分达到 14.0%以上，制糖经济技术指标居全国同行业先进水平。

二、广西甘蔗及食糖产业的发展潜力和存在的主要问题

（一）发展潜力

1. 宜蔗旱地资源丰富

甘蔗耐旱、耐瘠，资源优势突出。据统计，全区未利用土地面积为 7 096.5 万亩，占土地总面积的 20%，仍可在崇左、来宾、河池等桂中南地区，开发利用一部分坡度在 15°左右、土层深厚、以红壤土为主的宜农荒地发展糖料蔗生产，将甘蔗种植面积稳定在 1 600 万亩左右，进一步提高单产和蔗糖分水平，年产糖 1 000 万～1 100 万吨是切实可行的。

2. 单产提高潜力大

全区糖料蔗平均亩产长期徘徊在 4.5～5 吨，而"吨糖田"亩产可达 7 吨以上。通过培育和改良品种，加强农田基础设施建设，改善灌溉条件，提高生产技术水平等措施，可以大幅提高糖料蔗单产和蔗糖分。

3. 综合利用潜力大

全区制糖工业经过几十年发展，规模扩大，管理水平提高，综合开发能力增强，形成了比较完整的产业体系。经过多年的开发，用糖蜜、蔗渣和滤泥生产的酒精、燃料酒精、纸浆及纸制品、复合肥等综合利用产品，正向多品种、多层次的方向发展，成为糖业增效增收的

（二）存在的主要问题

1. 宏观调控力度不够

蔗糖产业发展计划性不强，对糖料蔗非优势区域调控不力，蔗糖生产几乎是随糖价高低来调整。糖价高，蔗农、制糖企业效益好，糖料蔗种植面积扩大，投入增加，产糖量增加；反之，调减面积，减少投入，产糖量下降。由于工农利益关系没有很好理顺，制糖企业对蔗区建设和技术推广投入不足，影响蔗农生产积极性和产业整体生产水平提高。

2. 精深加工发展不足

蔗糖业产业链不长，综合利用不足，蔗糖产品只作为原料出售，附加值低，蔗糖深加工水平低，甘蔗乙醇酒精计划没有启动，既制约产业发展，又影响企业经济效益和农民增收。

3. 新品种选育研发滞后

科研投入不足，品种研发严重滞后。科研与生产的结合不够，后续品种缺乏。近十年来新台糖系列品种仍占主导地位，导致全区糖料蔗品种单一，糖料蔗病虫害日趋严重，单产不稳定，总产增加依然靠扩大面积为主，生产风险加大。

4. 机械化水平低

全区糖料蔗生产机械化水平低，用工多，效率低、成本高、效益低，成为制约农民增收和蔗糖业持续健康发展的瓶颈。特别是甘蔗采收机械化应用没有重大突破，人工收获劳动强度大、成本高，严重影响种蔗效益的提高。

5. 蔗区基础设施薄弱

全区 90％的甘蔗种植在旱坡地上，干旱成为制约单产提高的最大障碍，全区现有灌溉能力的甘蔗面积不足 15％。蔗区建设尚未形成完善的投入机制，基础设施建设投入不足，抵御自然风险能力较弱，严重制约糖料蔗综合生产能力的提高。

三、发展目标及政策措施

（一）发展目标

从《广西糖料蔗产业发展"十二五"规划》可知，广西"十二五"糖料蔗产业发展目标：

1. 生产目标

到 2015 年，广西计划种植糖料蔗的面积稳定在 1 600 万亩，总产达到 9 000 万吨以上，年均增长 6.5％；平均亩产 5.6 吨以上，年均增长 5.7％；平均蔗糖分达到 14.5％以上；满足总产糖量 1 100 万吨的原料需要。全区蔗糖业经济效益有较大提高，力争蔗糖业及其带动的关联产业总产值达到 1 000 亿元以上。

2. 重点技术目标

良种覆盖率达到 95％，主要推广桂柳系列、桂糖系列、福农系列以及新台糖 22 号健康种苗等一系列优良新品种（品系）；

机械化深耕深松面积占总种植面积的 45%；地膜覆盖面积占总种植面积的 30%；智能化施肥面积占总种植面积的 20%；间套种面积占总种植面积的 20%；推广以水肥一体化滴灌技术为重点的治旱工程技术占总种植面积的 25%；机械化收获率达到 20%。

3. 区域布局

产业优势重点发展区：重点发展崇左、南宁、来宾、柳州糖料蔗生产优势区域；巩固发展贵港、钦州、北海、防城港等仍具生产优势的老蔗区；因地制宜发展百色、河池蔗区。

糖料基地建设重点扶持区：重点扶持兴宾、江州、扶绥、柳城、邕宁、宜州、柳江、龙州、宁明、武鸣、武宣、象州、上思、右江、隆安、大新、横县、宾阳、田东、合浦、鹿寨、田阳、忻城、江南、良庆、钦南、覃塘、灵山、上林、罗城、银海、西乡塘、港北等 33 个县（市、区）优质糖料蔗基地建设，使糖料基地生产能力占全区糖料总生产能力的 85% 以上。

（二）政策措施

为实现上述发展目标，在《广西糖料蔗产业发展"十二五"规划》中，也制定了详尽的政策措施。

1. 关键政策

（1）加大政策扶持。努力争取国家更多支持，提升广西糖料蔗产业在国家经济社会发展中的战略地位和作用，把糖料蔗种植等同于粮、棉、油生产，在政策上获得国家更多支持。自治区进一步明确蔗糖产业为优先发展战略性产业，把蔗糖业作为经济发展的重点。

（2）**建立健全产业机制**。加强糖价监测预警体系建设，建立食糖储备制度。建立健全食糖信息收集和发布制度。完善糖料收购价格形成机制。规范原料蔗收购和生产机制。制定糖料蔗与食糖生产、食糖储备与销售等地方性法规。

（3）**加大财政扶持**。积极争取国家扶持，在国家糖料和良种繁育基地建设、良种和甘蔗机械补贴、基础设施和国家储备库容建设，以及制糖企业技术改造等方面给予倾斜扶持。自治区、市、县级财政继续加大对食糖储备的补贴，按照"利益共享、风险共担"原则吸纳社会资源参与收储，同时，积极给予糖料基地重点建设项目的财政支持，通过"以工哺农"方式，制糖企业投入更多资金用于蔗区基础设施建设和糖料蔗生产发展。

（4）**完善糖价与蔗价挂钩联动机制**。建立有效的利益保障政策，维护蔗农的切身利益，特别是原料蔗收购价格政策要充分确立农民利益的主体地位，体现出保护性和盈利性的统一，发挥价格对农民合理收益的保护作用，稳定糖料蔗生产积极性。

（5）**完善产业化经营体系**。健全糖业协会，建立甘蔗生产专业合作社，全面推行订单农业，完善社会化服务体系，推进制糖企业集约化经营。加快土地流转进程，引导蔗农走集约化、适度规模发展的道路，鼓励企事业单位和个人依法投入甘蔗良种开发和"吨糖田"建设。

（6）**制定法规法令**。加强政府对糖业的管理，借鉴世界各国的糖业法规，结合我国和广西的实际，尽快出台《广西壮族自治区糖业管理条例》。

2. 关键措施

（1）推动新一轮甘蔗优势区域规划布局。采取有力措施合理控制发展规模，稳定现有种植面积，严格控制高产稻田种蔗，建设高产、高糖、稳定的甘蔗生产基地。甘蔗生产重点向桂南、桂中和右江河谷优势区域发展。严格控制非优势产区的发展。通过实施优势区域发展战略，大力推进集约化生产，稳定糖料蔗种植面积。

（2）加快良种良法推广步伐。加快培育、引进和推广高产高糖新品种，提纯复壮现有优势品种，重点建设一批区域性新品种选育基地及种植示范基地，加速良种产业化。通过制糖企业规范、引导蔗农调整品种结构，逐步实现糖料蔗品种多元化，降低品种单一的生产风险，新品种推广面积达到 30％以上。研究、创新、推广综合配套栽培技术，主攻提高单产和蔗糖分，降低吨糖耗蔗量。

（3）加快新台糖 22 号等糖料蔗品种脱毒健康种苗的示范推广。利用各种媒体大力宣传糖料蔗脱毒健康种苗的技术特色和比较优势，各地生产管理部门通过与当地企业合作，在稳定扶持现有种苗繁育基地的基础上，加快脱毒健康种苗繁育基地的建设步伐，逐步将脱毒健康种苗的覆盖率提高到 45％。

（4）加强蔗区治旱基础设施建设。加快建设控制性灌排骨干工程和水源工程，解决蔗区干旱和抗旱水源问题。明晰水利工程产权制度，落实工程建设和管护责任。整合国家和地方有关糖料基地建设、农业综合开发、节水农业等扶持资金，加强路渠、涵管、排灌设施等田间基础设施建设，改善蔗区公路、灌溉设施和生产条件，提高抵御自然灾害能力。

（5）**加快推进糖料蔗病虫害专业化统防统治**。大力推广病虫害绿色防控技术，建立绿色防控示范区，着力改善示范区生态环境条件，通过绿色防控技术的展示和发展方式的探索，树立样板典型，以点带面，以点促面带动糖料蔗病虫害专业化统防统治工作的开展。

（6）**加快糖料蔗生产机械化进程**。加快机械化深耕深松技术推广以及收获机械化进程。在地方政府和制糖企业投入部分资金基础上，将糖料蔗种植收获农机列入国家农业机械购置补贴范围。扶持糖料蔗收获机械研发、试验及示范推广，支持研发单位技术引进、消化吸收与自主创新。

（7）**加快产业升级**。重点发展精制糖、食糖深加工，提高糖蜜、蔗渣、滤泥等综合利用水平。加快企业技术装备改造步伐，实施规模制糖。加速糖料蔗向其他产品转化的研究和开发。支持综合利用向集团化、社会化方向发展，尽快形成以制糖业为主体，相关产业协调发展的产业集群。

（8）**加快发展循环经济**。严格执行污染物总量控制、排污许可证和环评制度，加强治污设施的运行管理。推动节能减排先进适用技术、关键和共性技术的引进和示范推广。力争到2015年，全区50％以上制糖企业清洁生产水平达到我国环境保护行业标准《清洁生产标准甘蔗制糖业》一级技术以上要求，其余达到二级技术以上要求。

（9）**开展利用糖料蔗生产生物能源产品示范**。努力争取国家启动糖料蔗燃料酒精计划，形成调节食糖供给的长效机制。在糖料蔗多时，调整一部分原料蔗生产燃料酒精，确保糖价稳定，保证蔗糖产业健康稳定发展。"十二五"期内争取国家批准建设广西利用甘蔗生产 20 万吨燃料酒精项目。

（三）促进糖料蔗产业发展的重大建设项目

为促进"十二五"广西糖料蔗产业发展，而设立的重大建设项目：

——甘蔗健康种苗繁育推广项目。争取国家从 2011 年开始启动甘蔗良种补贴项目，扶持广西推广以脱毒健康种苗为主的甘蔗良种补贴。

——糖料基地建设项目。选择种植面积 15 万亩、年产糖料蔗 50 万吨以上的 33 个县（市、区）建设高产高糖糖料生产基地。重点改善蔗区基础设施，建立健全良种繁育推广体系，完善生产技术服务体系，配套完善农机、土肥、植保等服务装备。

——蔗区治旱建设项目。建设蔗区骨干水利工程和蔗区小型灌溉工程，力争到 2015 年蔗区灌溉面积达到 400 万亩以上。同时，争取国家在"十二五"期间支持广西实施甘蔗水肥一体化技术示范推广项目。

——糖料蔗生产机械化示范基地建设项目。在广西年产蔗百万吨以上的县（市、区）建立糖料蔗生产全程机械化示范基地，对蔗农应用机械收获糖料蔗给予一定补贴。

——糖料高产创建项目。在糖料蔗生产优势区域县（市、区、农场）创建万亩高产示范片，通过项目集约，技术集成，创建糖料蔗高产优质高效典型，带动大面积平衡增产，进一步提升糖料生产竞争力。

——现代农业生产发展资金糖料蔗项目。在糖料蔗生产优势区域县（市、区）利用财政现代农业生产发展资金建设糖料蔗生产示范基地。

　　——糖料蔗良种研发体系建设项目。建立广西糖料蔗基因库和繁育体系。重点建设广西糖料蔗杂交育种中心、新品种选育基地、各级良种繁育基地，糖料蔗健康种苗示范片，主产蔗区良种良法示范与推广基地。

　　——甘蔗间套种项目。重点推行甘蔗间套种西瓜、大豆等模式，推广面积 300 万亩。

　　——蔗农"素质工程"培训项目。在蔗糖生产优势县（市、区）逐年安排蔗农"素质工程"培训项目，重点对蔗农进行糖料蔗良种良法等先进适用技术培训，提高蔗农综合素质。

　　——精深加工综合利用项目。重点支持食糖产品精深加工，发展蔗渣制浆造纸、生物工程等项目。

云南糖料及食糖生产情况调研

本文包括四个方面的内容：一是甘蔗产业对云南经济社会的重要作用；二是近两个榨季的基本情况；三是云南糖业面临的挑战和机遇；四是提高云南食糖竞争力的对策建议。

一、甘蔗产业对云南经济社会的重要作用

云南是我国重要的甘蔗产区和蔗糖生产基地，甘蔗种植面积和蔗糖产量居全国第二位。云南境内热带区域面积 8.11 万千米²，日照充足，昼夜温差大，适宜甘蔗生长和蔗糖分的积累，具有发展蔗糖业的良好条件。新中国成立以来，在国家产业发展导向和云南省委、省政府的重视下，蔗糖业得到了长足发展。"十一五"期间，甘蔗糖业通过调整、巩固和提高，甘蔗种植面积稳定增长。2006—2010 年，全省甘蔗种植面积从 367.29 万亩，增加到 450.63 万亩，甘蔗农业总产量从 1 366 万吨增加到 1 919万吨，全省甘蔗平均亩产从 3.72 吨提高到 4.2 吨，甘蔗平均含糖分从 14.52％提高到 14.71％。

云南是我国第二大产糖省，制糖业作为一种区域性支柱产业，在云南省统筹区域发展、振兴边疆经济中扮演着重要的

角色。

云南蔗区主要分布于德宏、临沧、保山、普洱、红河、西双版纳、玉溪、文山8个较贫穷、经济欠发达地州市。糖业是这些地区的主要扶贫开发产业。蔗糖业是区域经济发展的重要支柱和农民脱贫的主要经济来源。"八五"以来，全省73个贫困县中有24个县的200万贫困人口靠发展蔗糖生产脱贫致富。甘蔗主产县（市）中，国民生产总值和财政收入中的30%~70%来源于蔗糖业。因此，甘蔗生产对增加农民收入、减少贫困人口、稳定地方政权、促进民族团结、维护边疆稳定、促进当地社会经济发展等均具有重要的作用。

目前，云南省拥有机制白糖生产线87条，日处理能力14.23万吨，拥有2.8万行业员工，覆盖蔗农600多万人，基本形成了以怒江、伊洛瓦底江、澜沧江、红河及南盘江等低热河谷地区为主的蔗糖产业布局和集原料（甘蔗）种植、科研、加工、贸易、教育和设备制造等相互配套的完善的产业体系。在云南，多利用旱坡丘陵地种植甘蔗，不与粮、油作物争地。"十一五"期间，"滇西南双高甘蔗"以其良好的生产资源条件、雄厚的产业基础和较强的竞争优势进入我国优势产业带发展规划。

二、2011/2012榨季、 2012/2013榨季的基本情况

（一）2011/2012榨季

2011/2012榨季，全省生产食糖201.37万吨，产值150余亿元，其中云南最大的6家制糖企业分别是：云南洋浦南华糖业

（55.44 万吨）、英茂糖业（48.99 万吨）、力量生物（13.54 万吨）、凤庆糖业（13.46 万吨）、康丰糖业（12.67 万吨）、永德糖业（12.63 万吨），以上 6 家制糖企业共产糖 156.75 万吨，占全省总产糖量的 77.84%。

（二）2012/2013 榨季

1. 产销情况

2012/2013 榨季开榨时间与上榨季相比推迟了 10 天，2012 年 12 月 12 日第一家糖厂才开榨，2012/2013 榨季全省有 73 家糖厂投入生产。截至 4 月 20 日，全省产糖 205 万吨，产糖率 12.65%；产酒精 10.5 万吨；销售食糖 72 万吨，产销率 35.12%，白砂糖平均销售价 5 300 元/吨；全省收榨糖厂 24 家。

2012/2013 榨季，通过技改，全省制糖企业的甘蔗的日处理能力有所提高，制糖企业的日处理甘蔗能力已经达到 21 万吨/日；生产集中度继续提高，全省法人企业已经从上榨季 21 家下降至 17 家。

2. 2012/2013 榨季及 2013/2014 榨季预计

2012/2013 榨季开榨前预计，云南糖产量达到 220 万吨，有希望超过 230 万吨。在 3 月 2 日的广西会议上，针对持续无雨的冬、春连旱和干旱范围扩大的实际情况，云南食糖产量下调为 210 万吨左右。而进入 4 月上旬以来，云南两大主产区临沧市、德宏傣族景颇族自治州和其他旱灾产区陆续有降雨，旱情有所缓解，抢收抗旱得当，加上纯度提高和产糖率比上榨季有所上升，2012/2013 榨季全省食糖产量 224.19 万吨。

由于前期干旱持续，在一定程度上影响到春植进度和计划实施，尽管糖料收购价格不变，糖料生产面积增长不大，2013 年预计全省甘蔗种植面积 510 万亩，预计甘蔗入榨量达 1 790 万吨左右，2013/2014 榨季预计产糖 230 万吨。

3. 存在的问题

（1）以干旱为主的自然灾害影响范围扩大。据云南省农业厅统计，2012/2013 榨季红河、玉溪、临沧、保山等四州市的红河河谷、怒江峡谷区域旱情较为严重，土壤失墒期长达 120～160 天，甘蔗大面积减产甚至绝收。截至 2013 年 3 月 15 日，全省甘蔗受灾面积达 91.1 万亩，预计造成甘蔗减产 92.7 万吨，蔗糖减产 13 万吨以上。

（2）目前的食糖价格将使全行业面临亏损境地。2011/2012 榨季，云南省平均含税成本价 5 702 元/吨，2012/2013 榨季糖料收购价格维持 2011/2012 榨季的价格水平，尽管产糖率有提高，但其他成本构成要素的价格还在上升，以目前的价格水平，全行业亏损在所难免。而商业企业因市场低迷和长时间产销区价格倒挂，经营困难，经营规模萎缩明显。

4. 开展的主要工作

（1）针对糖业存在的问题，省政府准备出台糖业扶持政策。省政府拟以加强领导、组织、规划和科学发展为出发点，以转变增长方式为内容，建立以提高竞争力和产业链全面发展为目标的政策扶持体系。

（2）以科技支撑为基础，着眼于参与国际竞争发展模式的探索。在全球经济一体化条件下，与主要产糖国相比，云南糖业存在三个劣势：一是糖料收购价高；二是土地资源紧缺；三是全程机械化水平低。要提高我国参与国际竞争能力，根本方向就是寻

174

求以科技支撑为基础、提高生产效率的发展模式。

（3）食糖打私有明显进展，走私势头有所遏制。根据食糖走私的现象，农业部门与执法部门保持着紧密的联系，以海关、公安和工商、质监齐抓共管的局面逐步形成，公安打私的力度明显加强，有声势的公安打私行动效果明显，制糖企业以法维权的积极意识逐步增强。

三、云南糖业面临的挑战和机遇

（一）云南糖业面临的挑战

1. 蔗糖产业的地位不可动摇

蔗糖业是云南重要的区域性经济支柱产业，甘蔗产量和食糖产量位居全国第二，年均植蔗面积 450 万亩左右，是仅次于烟草的云南第二大特色农产品加工产业。2008/2009 榨季，蔗糖产量突破 223 万吨，工农业产值突破 120 亿元。在遭受连续 3 年的旱灾影响（15％～25％）下，2011/2012 榨季实现了恢复性增长（产糖 201 万吨），2012/2013 榨季食糖产量为 224.19 万吨。云南蔗糖发展历史证明，蔗糖产业是云南经济发展和边疆民族地区脱贫致富的重要支柱产业，蔗糖产业的地位不会动摇。

2. 蔗区生产条件没有根本改变

全省甘蔗种植 75％以上分布在依靠自然降雨的旱坡地，蔗区水利、道路等基本建设和基础设施严重滞后，加之旱、寒和洪涝等自然灾害频发，甘蔗产业抵御自然灾害能力弱；蔗区道路等级低，80％的道路在国道、省道和县乡公路之外，大多只由制糖企业修建和维护，晴通雨阻，严重影响甘蔗生产与发展。种植规模化程度低，实现机械化难度大，单位面积生产投入多、产出不高，比较效益差，竞争能力不强。

3. 蔗农收入的增加任重道远

在原料蔗价格提高的榨季，加之企业采取化肥、机耕等补助，蔗农毛收入明显提升（增长20%～25%）；但由于农资、农工价格上涨，蔗农种植成本上涨22%左右，蔗农净利润增幅较小。目前，水田蔗每亩平均收益3 000元左右，旱地蔗每亩平均收益1 600元左右，低于香料烟、蔬菜、水果等竞争性作物的亩均效益（3 000～4 000元），种蔗比较效益下降。甘蔗种植成本和比较优势成为制约甘蔗生产的重要瓶颈。

4. 食糖价格的波动不容乐观

2011年，我国糖价大多在7 000元/吨以上的高位运行。12月20日，成品白糖现货价6 700元/吨，2012年8月，跌破6 000元/吨，目前，2014年1月跌破5 000元/吨，在4 600元/吨左右运行。

5. 制糖成本的控制难度加大

为保证食糖的稳定供应和蔗农收入增长，2011/2012榨季各省区纷纷提高甘蔗收购价格，实行蔗糖价格联动。然而，甘蔗原料价格的上涨，又直接影响到蔗糖生产成本。2010/2011榨季，云南吨糖完全成本5 434.8元，对应平均蔗价373.5元/吨；2011/2012榨季，平均蔗价429.12元/吨，吨糖完全成本达到5 702.78元/吨左右。甘蔗原料价格和加工成本的上涨，要降低制糖成本难度很大。

制糖行业创新能力不强，技术装备水平有待提高。特别是高效节能设备开发应用能力比较差，生产企业自动化控制水平低，产品质量不稳定，资源消耗高，产品标准相对落后，传统加工工艺革新缓慢，产品品种单一，缺乏市场竞争能力等。

6. 食糖替代品的冲击不容忽视

食糖替代品主要有糖精、甜味剂、玉米淀粉糖等，其中由玉米淀粉加工而成的果葡糖浆是食糖的主要替代品，替代比例约30%，广泛用于点心、饮料、蜜饯等食品生产。与食糖相比，就生产成本而言，淀粉糖主要由原料玉米和加工费用构成，成本价格在3 500元/吨左右，与当前国内食糖现货价格相比，显然具有较大的成本和价格优势。从产量方面来看，国内淀粉糖产量逐年增加，即使是在与食糖缺乏比价优势的2007年和2009年，也依然保持增长势头。淀粉糖发展前景广阔，其替代作用不可忽略，对食糖产业的冲击或将日趋增大。

7. 良种良法和农机农艺的要求更加迫切

2012年，云南甘蔗农业平均亩产为4.14吨左右，工业单产3.6吨/亩，在近70%的旱地蔗区平均亩产仅为3吨左右，与广东、广西等先进省区相比，平均单产低0.5～0.8吨/亩。要切实提高甘蔗单产，实现产业提质增效，急需加强甘蔗新品种和先进实用技术的推广应用。

甘蔗种植和收获的成本费用占甘蔗成本的60%以上，且劳动强度大，每逢种植和收砍季节，劳动力不足问题突出。因此，产业发展对于机械化栽种和收砍的需求十分迫切。多年来，云南甘蔗机械的应用主要在机耕、机耙上，部分蔗区用于机械开沟，2012/2013榨季，虽然机械栽种（1.5万亩）和收获（1 500吨）在德宏、西双版纳、临沧等蔗区开始应用，但是地形、价格、农机补贴等方面，离甘蔗全程机械化生产仍然有很大距离。

8. 保障制度不健全，产业抗风险能力弱

云南省甘蔗生产政策性保险、蔗糖价格联动等政策存在着起步晚、覆盖面窄等问题。全省实行甘蔗保险的面积仅为 102 万亩，只占全省甘蔗总面积的 20%。蔗糖产业化经营中，龙头企业与蔗农之间的风险机制和利益分配机制不健全，2010/2011 榨季实行蔗糖价格联动、二次结算的地区只有德宏、西双版纳、临沧、红河等部分企业，全省大部分蔗区甘蔗生产仍然面临巨大的自然风险和市场风险。甘蔗专业合作社发展滞后，蔗农的组织化程度低，龙头企业对蔗农的各项"非市场安排"缺乏相对的稳定性，一定程度地影响了蔗农生产积极性。

（二）云南糖业的机遇

1. 国家重视

据《全国现代农业发展规划（2011—2015 年）》，"十二五"时期农业发展的主要目标为：通过转变农业发展方式，保障主要农产品有效供给和促进农民持续较快增收，在工业化、城镇化深入发展中同步推进农业现代化。作为粮棉油糖中的重要组成部分，规划中数次提到对食糖产业的发展要求，以此推进食糖产业的科学发展以及食糖产业与整个现代农业的协调发展。

食糖产业的发展目标为：糖料总产量由 2010 年的 12 008 万吨增长至 2015 年的 14 000 万吨以上。到 2015 年，食糖产量 1 600 万吨左右。日处理糖料能力达到 121 万吨，其中：甘蔗日处理糖料能力 105 万吨；甘蔗糖标准煤消耗低于 5 吨/百吨原料，

化学需氧量排放总量比 2010 年下降 10％。

2. 省重点产业扶持

（1）**投入加大**。国家层面对糖料基地、农业部甘蔗高产创建工作、技术推广项目等加大投入力度；云南省对优势特色产业、兴边富民工程、桥头堡建设等加大投入力度；开展"十优十强"和"百县百园"创建、四园改造（坡改梯）、糖料基地建设、农开项目、扶贫信贷项目和产业开发、境外替代种植项目等。

（2）**条件改善**。云南省甘蔗生产部门、科技部门，坚持以科学发展观为指导，以保障国家糖料为目标，强化行政推动，依靠科技进步，集成技术，集约项目，集中力量，集中打造了一批规模化、集约化、标准化的甘蔗高产示范区，带动全省大面积均衡增产，全面提升甘蔗糖料生产能力。

（3）**队伍扩大**。2008 年以来，云南省进入国家甘蔗现代产业技术体系 3 个岗位科学家岗位，开远、德宏、保山、临沧建立 4 个综合试验站，年获国家财政支持 420 万元；2009 年，云南省现代农业产业技术体系建设正式启动，组建了 8 名岗位专家、5 个综合试验站和 9 个区域推广站为主的现代甘蔗产业技术体系，年获省财政支持 330 万元。打破了农业科技研究与推广应用严重脱节难题，实现科研、试验、推广和生产的无缝对接，实现甘蔗科研与推广应用的大联合、大协作，打通科研、试验示范、推广和生产之间的快速通道。与此同时，国家行业专项，省科技攻关、省重大推广项目相继实施，为云南甘蔗科技发展打下了良好基础。

3. 我国食糖消费有较大的增长潜力

尽管目前我国已是世界第三大食糖消费国，但作为人口大国，特别是随着农村食糖消费的增加，未来我国食糖消费市场有较大的增长潜力。目前我国食糖的人均消费仅 10 千克左右，而世界平均水平为 21.66 千克，亚洲为 24 千克，发达国家甚至高达 50～60 千克。此外，食品工业、饮料业、饮食业等用糖行业的快速发展，也将推动我国食糖工业消费的稳步上升。

四、提高云南食糖竞争力的对策建议

未来，谁掌握了高效率的糖料供应来源，谁就具有竞争力的优质资源。发展糖料基地、降低生产成本、改善与农民之间的利益关系，将是未来我国糖业竞争的重要方向。提高云南糖业竞争力，必须依托种植方式上的突破，其根本出路就是要实现良种化、水利化、规模化、机械化、"走出去"，抢机遇、打基础、谋长远、强产业。

建议对以下问题开展针对性的研究，并逐步解决。

1. 加大对蔗糖业的投入

国家应加大对甘蔗生产水利建设的投入、给予蔗农良种种植补贴，给予糖厂对甘蔗种植及收割的机械补贴。在保证种植面积的相对合理与稳定的同时，提高单产。

2. 落实税收优惠政策

建议国家采取灵活的税收优惠政策，鼓励蔗糖龙头企业研发新产品、新技术和采用新工艺。给予制糖企业享受国家西部大开发的所得税优惠政策。企业为开发新技术、新产品、新工艺发生的研究费用，可在税前据实扣除的基础上，再按 50% 加计扣除。制糖企业提取的甘蔗生产专项扶持资金，可以据实进入成本。其中种子、植蔗补助、化肥、农膜、农药、机耕费等费用，按税法规定提供有效凭证的，允许列入进项税扣除。这样既能减轻了企业的负担，又间接地会增加蔗农的收入。

3. 推行甘蔗种植保险

加大财政扶持力度，在甘蔗种植基地县率先推行政策性甘蔗种植保险，将干旱、霜冻、洪涝等主要灾害纳入基本保险范围，降低蔗农生产风险。

4. 完善蔗、糖定价机制，促使糖价的合理平稳运行

国家在宏观调控决策时，要结合国际糖价，来综合考虑我国合理的糖价水平。

5. 强化科技支撑

国家级科技专项经费要确定一定比例支持制糖龙头企业及甘蔗原料基地项目。完善产学研科技成果转化机制，支持科研院所将其成果以股权、期权等方式转化为实际生产力。扶持制糖企业开展资源集约节约利用、新品种选育、节能减排和延伸产业链等工作。支持制糖龙头企业组建科研和技术开发机构，增强企业自主创新能力。

6. 促进境外替代种植

在实施我国富邻、安邻政策的同时，促进境外替代种植项目下的糖料种植发展。处理好丰年、歉年所产食糖的进出问题。

新疆甜菜生产情况调研

一、新疆甜菜种植的重要意义和战略地位

（一）新疆是我国最大、最优的甜菜种植区域，也是进一步解决我国食糖缺口的最具发展潜力的甜菜种植区域

甜菜的单产、总产和产糖量均居全国甜菜产区的首位。逐步形成吞吐甜菜原料 640 万吨，年产糖 80 万吨的生产能力，为发展甜菜生产奠定了良好的基础。制糖产业也已成为新疆农副产品加工龙头产业之一，对于增加农民收入、优化调整产业结构、提高地方财政收入发挥了重要的作用；也是进一步解决我国食糖缺口的最重要生产潜力。

（二）我国食糖产量的增长潜力主要在北方甜菜糖的生产上

我国食糖消费的增长将超过产量的增长。目前我国的食糖年消费量在 1 400 万吨左右，当国内食糖年消费量超过 1 500 万吨时可能是一个临界点，国产糖产量将跟不上消费的增长，我国将变为食糖净进口国。

受土地资源和劳动力资源的限制，甘蔗糖的发展空间有限，

国内食糖消费必须依靠甜菜糖和淀粉糖补充，食糖消费进入甘蔗糖为主、甜菜糖为辅、淀粉糖为补充的时代。

而北方土地辽阔，尤其是新疆，只要解决甜菜的良种和水利问题，并且糖价能达到 4 500 元/吨以上，甜菜糖的发展空间无限，预计我国将出现甘蔗糖增长缓慢，甜菜糖快速发展阶段。

二、新疆甜菜生产的基本情况

(一)甜菜种植面积波动较大，单产稳中有涨

《新疆统计年鉴》数据显示，2005 年以来新疆甜菜种植面积呈现增—减—增的态势：2006 年大幅增加，2007 年持平略减，2008 年大幅减少，2009 年继续大幅减少，2010 年的种植面积大幅增加。

2005—2009 年新疆甜菜单产稳中有涨，分别是：3.99 吨/亩、3.92 吨/亩、4.16 吨/亩、4.11 吨/亩和 4.38 吨/亩。

1. 2009 年甜菜种植面积明显下降，单产小幅增长

2009 年，新疆甜菜种植面积为 65.16 万亩，较 2008 年减少 4.91 万亩，减幅为 7%；甜菜总产量为 273.07 万吨，较 2008 年减少 7.61 万吨，减幅为 2.7%。

2009 年甜菜种植面积下降的主要原因是甜菜收购价格的下调。

2009 年甜菜单产为 4.2 吨/亩，较 2008 年每亩增加 0.185 1 吨，增幅为 4.6%。甜菜单产的提高主要得益于，在甜菜高产栽培技术方面开展了地膜种植、膜下滴灌、密植栽培、机械收获等综合配套技术；地膜种植覆盖率达到 85% 以上，密植栽培面积大

80%以上，适时膜下节水滴灌面积 3 万亩，机械化收获 6 万亩。

2. 2010 年甜菜种植面积大幅上涨，预计单产应该继续有所增加

据新疆农情调度统计，2010 年新疆甜菜种植意向面积为 89 万亩，较上年增加 23.84 万亩，增幅为 36.6%。2010 年甜菜面积上涨的主要原因是甜菜收购价格的上调。

由于受低温等灾害的天气的影响，2010 年播期较上年推迟。目前，新疆的甜菜正在收获中，单产等指标尚没有具体的统计数据。

3. 预计 2011 年新疆的甜菜种植面积将继续有所增加

由于糖价上涨的带动，预计 2011 年甜菜的收购价将继续上调为 370 元/吨，这将调动农民种植甜菜的积极性。

（二）甜菜生产成本逐年递增，收益基本稳中有涨

1. 2004—2008 年成本逐年递增，收益在波动中呈上涨的态势

据新疆维吾尔自治区发展和改革委《农牧产品成本收益资料汇编》显示，2004—2008 年甜菜每亩的总产值分别是 818.6 元、914.32 元、963.2 元、1 042.8 元和 1 292.7 元。

每亩的总成本分别是 590.69 元、634.99 元、717.97 元、792.88 元和 895.06 元。

每亩的纯收益分别是 227.91 元、279.33 元、245.23 元、249.92 元和 397.64 元。

2. 2009 年甜菜收购价大幅下降，导致在成本持平略跌的情况下，收益大幅下降

2009 年，新疆农资市场供应和价格相对平稳，除个别农资

价格有所上涨，其他大多数农资价格未出现较大的波动，主要农资价格较 2008 年不升反降，这无形中降低了农民的物化投入成本。2009 年甜菜每亩均总产值为 1 181.37 元、总成本为 877.5 元、纯收益为 303.87 元。

2009 年，由于新疆甜菜收购价的大幅下降，降幅达 15.6%，致使 2009 年新疆在甜菜亩成本持平略跌的情况下，亩纯收益反而大幅下降。

3. 预计 2010 年的生产成本应继续有所下降，收益将有所提高

2010 年的甜菜正在收获中，尚没有具体的统计数据。但由于甜菜种植机械化程度的进一步提高，甜菜高产栽培技术的进一步的推广，可以预计 2010 年的生产成本应有所下降，收益将有所提高。

（三）甜菜的收购价格偏低，2010 年大幅增长

据新疆维吾尔自治区发展和改革委《农牧产品成本收益资料汇编》显示，2005 年以来每吨甜菜的收购价分别为：230 元、230 元、250 元、320 元、270 元、330 元[①]。

甜菜收购价的涨跌是调节甜菜种植面积的重要杠杆。据调查，农民种植甜菜的积极性不高，主要是因为种植甜菜对地力的影响较大，对下季作物产量有影响，同时，种植甜菜的比较效益下降。只有提高甜菜的收购价，才能有效调动农民种植甜菜的积极性。

———————

① 2010 年的收购价为初步调研的数据。

三、新疆甜菜生产存在的主要问题

（一）盲目追求国外高产品种，新品种繁育滞后

目前，新疆甜菜种子品种混杂，主要选用德国、瑞典等国家的品种，其中德国品种种植面积最大，占总面积的 80%，国产品种仅占 5%。根据科研单位对德国甜菜品种多年的实验结果分析，德国品种具有丰产性好，但抗病性较差、含糖率偏低的特点，这对农业生产有利，但对工业制糖不利。

随着种植环境的变化及国外高产品种的引进，新疆甜菜生产出现的主要问题是含糖率下降，病害严重，特别是褐斑病发病面积达 90%以上，造成新疆糖区制糖成本上升，给制糖企业带来巨大的损失。

对甜菜新品种培育示范、良种繁育推广缺乏资金支持，科研、生产装备落后。同时，由于缺乏必要的检测设备和技术力量对甜菜良种质量监督不够，管理不规范，甜菜良种繁育工作得不到保证。这些因素都制约了新疆甜菜生产的更好发展。

（二）土地的选择与种植模式的落后影响甜菜质量

很多农民把甜菜种在了盐碱地和新开荒地上，同时在甜菜栽培的密度、施肥、田间管理方面缺少科学性。比如甜菜种植区，机播每亩标准株数可达 7 000 株，而农民能接受的只是 5 500 株。要实现标准株数尚需一定的时间。此外，好多农民注重追氮肥，且追施时间偏晚，这些对于甜菜糖分的积累都十分不利。

（三）制糖企业与农民合作基础不够牢靠，存在一定的矛盾

尚未建立起共同的牢靠的利益关系，糖厂与农民之间的合作较多地局限于收购与交售甜菜，此外，无更多的共同利益关系。所以甜菜价格一旦下降，农民感到比较效益不高时，就会放弃甜菜，改种其他作物。曾经出现过农民觉得甜菜收购价过低而毁约，转而将甜菜卖作饲料的情形。同时，企业也存在这样的情况，当甜菜原料紧缺时，无论甜菜原料好坏糖厂都会敞开收购，甚至出现收购大战；但当甜菜原料过剩时，糖厂又互相压价，提高扣杂率（10％～15％），这就会极大地挫伤农民种植甜菜的积极性。有的地方制糖企业是一家独揽的局面，没有竞争，具有垄断性，这对分散的农民来说，在甜菜收购价及扣杂率的谈判上，处于不利的地位。

四、对策建议

（一）加大甜菜品种自育、选育的科技研发力度

建议国家加大新疆自育甜菜品种的资金投入，逐步选育、自育出具有自主知识产权，价格适宜，含糖率高，抗褐斑病、白粉病强，产量较国外品种相当的国产品种，逐步改善国内甜菜品种靠国外进口局面。

（二）改变种植模式，提高机械化程度

走集约化生产的道路，加大高产栽培技术的推广力度，以提高含糖量为前提，积极推广新品种、新技术，科学防治病虫害，

努力提高单产和品质。

扩大机播、机收面积，以达到降低成本，提高单产，增加农民收入的目的。

加大甜菜膜下滴灌支持力度，膜下滴灌技术不仅可以确保甜菜生产一播全苗，提高单产，还可节约 60％的灌溉用水、20％～30％肥料和农药。甜菜膜下滴灌对快速提升新疆甜菜生产水平发挥了重大的作用。而目前受到资金的限制，新疆甜菜节水灌溉推广面积较小。为更好地发挥此项技术增产效益，建议国家进一步加大对新疆甜菜膜下滴灌支持力度。

（三）基层各级政府要积极协调糖厂与农民的关系，建议甜菜收购价与糖价挂钩联动

1. 适当提高甜菜的收购价，降低扣杂率

农民反应最强烈的有两点，一是甜菜的收购价不够客观，应适当提高甜菜的收购价，2011 年甜菜的收购价应在 400 元/吨较合理；二是糖厂的扣杂率太高，认为糖厂带有一定的随意性，扣杂率应适当降低。

这就需要基层各级政府出面沟通，协调糖厂与农民的关系，一方面使得农民种植甜菜的基本利益得到有效保障，进而保护农民种植甜菜的积极性；另一方面也要兼顾糖厂的合理利润。

2. 建议逐步推行甜菜收购二次结算的办法

新疆可逐步推行甜菜收购价格与食糖销售价格挂钩联动、糖料款二次结算的办法，建立糖料生产者与制糖企业利益共享、风险同担的机制。甜菜的收购价格可按《糖料管理暂行办法》（由国家发展计划委员会、国家经济贸易委员会、农业部、国家工商

行政管理总局联合发布）第十九条制定。

具体做法是，在每年榨季开始前，由省级价格主管部门或由其委托的地（市）、县级价格主管部门制定和公布糖料收购底价，并测算公布与糖料收购底价相对应的食糖挂钩价。糖料收购底价是指制糖企业收购糖料时与糖料生产者的第一次结算价。糖料收购底价应能够使糖料生产者补偿糖料生产成本。食糖挂钩价应在糖料收购底价的基础上，按照能够使制糖企业补偿食糖生产成本的原则确定。

在每年榨季结束后，由制定和公布糖料收购底价和食糖挂钩价的价格主管部门公布本榨季食糖市场平均销售价格。

当食糖市场平均销售价格高于食糖挂钩价时，价格主管部门应当根据食糖平均销售价格与食糖挂钩价的价差确定糖料款第二次结算价，并及时公布。第二次结算价与第一次结算价的价差，由制糖企业通过二次结算的方式返还糖料交售者。糖料款二次结算的具体结算办法由省级或由其委托的地（市）、县级价格主管部门制定。制糖企业应及时支付糖料二次结算款，不得拒付、打白条或拖延支付。

当食糖市场平均销售价格低于食糖挂钩价时，不再实行糖料款的二次结算。价格主管部门在本榨季开始前公布的糖料收购底价即为糖料的最终结算价格。

提高单产及含糖率是我国糖料生产发展的正确选择

一、我国食糖消费应以国内生产为主

我国的食糖产量及消费量均居世界第三位，但人均消费量排在倒数第七位，我国食糖不具备净出口的优势。这是由于我国人口多，人均耕地面积少，不可能、也没有必要拿出更多的耕地种植糖料，成为食糖净出口国。但我国具备发展糖业的优越条件与基础，是世界最大的食糖消费潜在市场，长远看，我国是食糖净进口国。对于我国的食糖消费，应继续坚持主要依靠国内生产的方针，吃糖立足国内生产为主（80%～90%）、适当进口（10%～20%）调节为辅的方针。

二、制糖企业要充分认识到"糖料生产是食糖生产的第一车间"

制糖企业要充分认识到"糖料生产是食糖生产的第一车间"的意义所在。在取得较好经济效益的同时，要对糖农、对糖料生

190

产有看得见的"反哺",以保护糖农种糖的积极性、保证糖农有较好的收益并能够实现稳步的增长,最终保证制糖企业有充足的、优质的糖料供应。从双赢的角度来说,糖农与制糖企业是"鱼水"的关系。

有条件的制糖企业要在现有的基础上重点发展优势糖料生产基地,加大有效投入、加强科学管理,积极探讨以土地使用权入股或采取土地租赁等形式,探索形成糖料生产合作化、规模化经营的路子,扩大和稳定糖料基地建设。

三、我国糖料生产的成就及存在的问题

新中国成立以来,我国的糖料生产,为保障食糖的市场供给和主产区农民的脱贫致富、增加农民收入、发展地方经济做出了重要贡献,取得了非常可喜的成就。特别是改革开放以来,中国糖业获得了巨大的发展:

(一) 全国糖料面积、单产和食糖产量呈波动中上升的趋势

全国糖料播种面积由 1949 年的 186.2 万亩,扩大到 2005 年的 2 347 万亩。值得提出的是,自 1990 年始我国甜菜种植面积呈萎缩趋势,这是由于甜菜比较效益逐年下降,在新疆与棉花、西红柿争地,在东北和大豆、玉米争地。2004 年农产品价格全面上涨,许多糖农改种其他作物,甜菜糖厂很难征到订单,闲置了很多压榨能力。由于 2005/2006 榨季食糖价格高涨的带动,2006 年甜菜面积有较大的恢复性增长。

糖料平均单产由 1949 年的 1.5 万吨,提高到 2004/2005 榨

季的 4.1 万吨，其中甘蔗亩均单产由 1.6 吨提高到了 4.21 吨，甜菜亩均单产由 0.8 吨提高到了 2.22 吨。总体上来看，近 20 多年来，糖料亩产都呈比较平稳的上升趋势。其中甘蔗平均亩产最高的是广西，为 4.7 吨/亩；甜菜平均亩产最高的是新疆，为 3.2 吨/亩。

食糖产量由 1949/1950 榨季的 26.1 万吨，提高到 2002/2003 榨季的 1 063.7 万吨，近几年由于糖料面积有所减少及自然灾害的影响，食糖产量有所下降，2003/2004 榨季为 1 002.3 万吨，2004/2005 榨季为 917.4 万吨，2005/2006 榨季为 881.5 万吨。目前看，由于 2006 年糖料面积的扩大、良种良法的实施及较好的气象条件，预计下一榨季食糖产量将有大幅提高。

（二）糖料生产向优势适生区集中

20 世纪 90 年代以来，我国甘蔗生产区域布局发生了剧烈变化。甘蔗产区以广西、云南、广东为主；甜菜产区以新疆、黑龙江和内蒙古为主。2005 年广西、云南、广东和海南四省甘蔗种植面积占全国甘蔗面积的 89.2%；新疆、黑龙江和内蒙古甜菜种植面积占全国甜菜面积的 90%。

在糖料种植区域集中的同时，食糖生产的集中度也明显提高，2004/2005 榨季，全国产糖量超过 10 万吨的糖业集团 21 家，产糖 606 万吨，占全国产糖总量的 66%。

（三）糖料生产的科技含量及产业化经营水平不断提高

为达到提高单产、提高糖分的目的，在糖料生产、管理方面，推广糖料良种良法，加强肥水管理和病虫害综合防治，推广应用冬植地膜覆盖、深沟浅植、配方施肥、病虫综合防治等综合配套栽培技术措施，不断提高农民科技种植的水平。

糖料的生产只有实行产业化经营，才能实现规模种植、集约化经营、机械化作业，糖料种植才能实现高产高糖，最终实现农民增收、企业增效的目的。实践证明，农户找到了龙头企业也就找到了市场，因为龙头企业具备开拓市场、占领市场的能力。产业化经营不但是农民增收的重要途径，而且是农业基本经营体制（双层经营体制）的重大创新。糖料的生产成功地利用了"公司＋基地＋农户"的产业化经营模式，突破了原有社区和地域划分局限，扩大了企业服务的领域，能够更加有效地实现资源的优化配置。

在取得以上成绩的同时，也应该看到我国的糖料生产与经济社会发展还很不适应，与世界先进水平还有很大的差距。这些问题突出表现为生产规模小、糖料单产低、糖料含糖低、机械化程度低、科技投入不足等。

四、提高单产、提高含糖率是我国糖料生产发展的正确选择

（一）基本国情决定了我国的糖料发展必须走提高单产、提高含糖率的道路

我国人口多，土地资源、水资源人均占有量低，粮食作物与经济作物存在着争地矛盾。从全局讲，当两者发生冲突时，经济作物的发展要为粮食生产的恢复发展让路，因此依靠扩大糖料种植面积来提高我国糖料总产的空间很小、目前是不现实的；提高

单产、提高含糖率是我国糖料生产大力发展的正确选择，我国糖料生产的发展须实行集约型生产，提高单位面积的生产能力，走内涵式发展道路。

（二）实践证明，依靠科技提高单产及含糖率的道路是有效的、可持续的

从我国糖料生产的发展来看，20世纪90年代之前，主要是走扩大糖料种植面积提高产量的路子；90年代之后，糖料面积基本保持在一个高位上小幅波动、略有下滑趋势，但糖料产量整体呈上升态势，这主要是由于糖料单产及含糖率的大幅度提高。

2000年以来，糖料单产及含糖率对糖料产量提高的贡献更为突出。2005年我国甘蔗、甜菜的平均亩产分别为4.346吨、2.155吨，比2000年分别增长了13.1%、25.7%。"十五"期间我国糖料年均面积2 478万亩、糖料年均总产9 522万吨、年均产糖936万吨、年均亩产3.847吨，相较于"九五"时期，面积减少了195万亩、下降7.2%，总产增加821万吨、增长9.4%，亩产增加587千克、增长18%，产糖增加215万吨、增长29.8%。

近两年广西的甘蔗良种覆盖率已达到95%以上，甘蔗的含糖率已经达到14.78%；新疆甜菜的含糖率已达到17.2%。随着糖料生产资金和科技投入的增加、种植条件的改善，糖料的单产和含糖率一定会得到进一步的提高。

湛江农垦模式虽然在整个产业中所占的比重很小，但其成功的经验证明，只有依靠科技进步、依靠现代化的科学农业管理模式，才是实现甘蔗生产可持续发展的根本出路。从中可借鉴的做

法很多，如：以科研机构为依托建设健康的种苗基地；运用现代生物技术，打造甘蔗产业循环经济；树立节约型农业理念，促进甘蔗产业可持续发展；开展机械化作业，推进甘蔗产业集约经营；妥善处理蔗糖产业中的工农利益关系等。

（三）把提高糖料单产及含糖率与糖农增收、社会主义新农村建设紧密结合起来

把糖料生产与建设社会主义新农村的的方针政策紧密结合起来，与 4 000 万糖农收入稳步增长结合起来，这是糖料稳定发展的基础，是全行业持续发展的根本。在"十一五"期间，要充分发挥国家政策的引导作用，在加强糖料基地建设过程中，充分发挥科研单位的作用、发挥龙头企业的作用，推进糖料生产的产业化经营。通过政府部门、龙头企业、科研院所等各方的共同努力，提高糖料单产及含糖率的目标就一定能达到。

国内外甘蔗产业技术与政策借鉴

一、国内外甘蔗产业技术

甘蔗是世界主要的糖料作物，世界各主要生产蔗糖的国家围绕甘蔗产业的发展，广泛深入地进行了甘蔗种质资源的研究与利用、甘蔗遗传育种、甘蔗高产高糖综合技术等方面的研究和大规模应用。

在 21 世纪初，我国甘蔗育种和其他行业一样面临着加入WTO 的机遇和挑战，回顾我国甘蔗育种的成就、跟踪世界甘蔗育种的新动向、加强前瞻性的应用基础研究、加大高新技术的产业化发展力度是提高我国蔗糖生产竞争力的重要途径。

（一）甘蔗种质资源的发掘与利用

甘蔗种质资源是甘蔗育种的基础。甘蔗种质改良和突破性育种的巨大成就，主要依赖于种质资源的发掘和利用。多年来，世界各产糖国都把甘蔗种质资源的收集保存和评价利用放在工作的首位。世界有两大世界甘蔗种源中心，分别建立在美国和印度。目前拥有甘蔗种质资源较多的国家有：美国 5 020 份、巴西 4 506

196

份、印度 3 979 份、澳大利亚 4 020 份、中国 2 000 多份。美国、印度、巴西已从这些资源中选取优良无性系同本国商业栽培种或热带种杂交获得了高糖分、高产量、抗逆性强或生物量、乙醇发酵量和纤维量很突出的 BC1 或 BC2 后代，为甘蔗育种进一步利用打下很好基础。

我国自 1975 年以来，特别是"六五"至"八五"期间，云南、广东、广西、四川、福建等省区，先后在全国或各省区进行了甘蔗种质资源的收集和保存，先后收集了 9 个属 18 个种的甘蔗属及其近缘属的种质材料 2 900 多份（保存成活 5 个属 14 个种）。"八五"期间，国家在云南省农业科学院甘蔗研究所建立了国家甘蔗种质资源圃，目前，保存了 5 个属 15 个种的甘蔗种质资源材料 2 100 份，成为国内规模最大、保存数量最多、属种齐全的甘蔗种质保存和研究基地。

（二）甘蔗高产高糖多靠遗传育种

甘蔗育种是蔗糖业发展的主要课题。各国都以不断改良甘蔗品种作为发展本国蔗糖业的科技战略，美国、印度、巴西、澳大利亚、南非等国通过扩大利用泰国割手密、巴布亚新几内亚热带种和大茎野生种，采用"新高贵化"杂交和轮回选择等方法，改良本国甘蔗品种，选育了一批抗逆性强、宿根性好的 CP、H、Pr、Co、Q 和 Na 系列新品种，使这些国家的甘蔗单产从 20 世纪 50 年代的 35～39 吨/公顷，提高到现在的 75～105 吨/公顷；产糖率从 8.0%～9.5% 提高到 12.0%～13.5%；吨糖耗蔗量从 9.0～10.0 吨下降到 6.8～7.2 吨，从而大大降低了制糖成本，增加了经济效益，提高了这些国家在变幻莫测的国际糖市上的竞争力。

新中国成立以来，我国经过三次品种更新，甘蔗单产从新中国成立初期的21.5吨/公顷，提高到20世纪90年代初的58.5吨/公顷，目前已达60吨/公顷以上；进入世界先进行列，仅次于澳大利亚、巴西和美国，列第四位；产糖率从8.0%提高到10.3%。在改良甘蔗单产和品质同时，各国更加重视抗病虫、抗不良环境、适应性和宿根性的改良。

作为蔗糖生产的核心技术，我国甘蔗品种改良和更新较先进产蔗国家仍有较大的差距。新中国成立50年的蔗糖生产是在计划经济体制下、依靠粗放经营发展起来的，今后，应在市场经济条件下走集约发展的道路，依靠科技进步、发展生产。如果我国甘蔗单产和产糖率每公顷能达到75吨、产糖率达13.3%、吨糖耗蔗量下降到7.5吨，即使栽培面积为126万公顷，年产蔗糖也可达1 256.85万吨。而这一目标的实现，主要依靠品种改良，包括的主要命题有：一是迅速扩大栽培品种的遗传多样性，育成一系列遗传异质性高，适应不同生态区的高产、优质、高效的甘蔗新品种；二是选育早熟、高产、高糖、抗恶劣生态条件，特别对养分和水分有良好反应的甘蔗新品种；三是加强抗病育种。

（三）能源甘蔗育种的重要意义

甘蔗的非食品用途越来越显现其重要意义，巴西早在70年代中期因石油短缺，投巨资实施了"生物能源计划"，育成一批既能制糖、又能直接酿造乙醇的糖能兼用甘蔗品种；美国1979年制定了"UPR甘蔗生物计划"，开展了高生物量为目标的再生能源甘蔗育种；印度和美国制定实施了印美甘蔗协调研究计划（IACRP）。

　　高生物量甘蔗用途广泛：一是可直接发酵生产无水乙醇，以代替高辛烷值的含铅汽油作为无污染的汽车动力燃料。乙醇也可脱水成为乙烯，乙烯又是聚氯乙烯的原料，能用来制造可以生物降解的环保塑料和许多建材。二是蔗渣可用于造纸和生产各种纤维板。蔗渣也是固体燃料，一吨蔗渣的燃烧值相当于 81.9 加伦汽油。三是蔗汁可制造新型糖基表面活化剂和附加值很高的特殊低聚糖。四是糖蜜可用来生产乙醇、柠檬酸、赖氨酸、甘油、酵母、冰醋酸等 100 多种化工产品。五是茎、叶可直接作为草食动物的优质割青饲料。

　　总之，甘蔗非食品用途给高生物量、再生能源甘蔗育种带来机遇，而高生物量甘蔗的问世，将引导蔗糖业结构调整，加大糖基化工制品的比例，以提高企业经济效益。

　　我国是人口最多，经济发展最快的国家之一，能源成为未来发展的首要问题，迅速启动我国再生能源育种计划势在必行。

（四）甘蔗生物技术的研究应用

　　20 世纪 60 年代以来，各甘蔗生产国不惜花巨资进行甘蔗生物技术研究，随着组织培养、细胞悬浮培养、细胞突变系筛选与培育以及脱毒技术相继在夏威夷、澳洲和中国（包括中国台湾地区）取得成功，1991 年有美国、巴西、澳大利亚、阿根廷、哥伦比亚、毛里求斯、菲律宾、南非等国联合成立了国际甘蔗生物技术合作组织（ICSB），主要开展 QTL 分析，基因分离克隆、基因转导和抗病诊断等研究。目前世界上甘蔗基因工程的主要进展归纳起来有：一是甘蔗基因组计划。二是基因克隆与转基因植物的研究。与其他作物相比，甘蔗的文库构建和基因的分离克隆相对落后，目前只有巴西、南非、澳大利亚等少数研究机构开展这方面的研究工作。我国甘蔗生物技术总体处于起步阶段。三是分子诊断。目前只有美国、澳大利亚进行了这方面的研究。

总之，生物技术研究已为甘蔗脱毒微繁产业化，杂种后代鉴定和抗病、抗逆性改良开辟了新路。

（五）甘蔗高产高糖种植技术

世界上，甘蔗高产高糖种植技术主要在两个方面进行研究应用：一是甘蔗现代装备的生产技术，如农业机械化技术、灌溉技术；二是甘蔗的高产高糖高效的种植新技术，如免耕直播技术、配方施肥等。

目前，在发达国家，特别是土地资源禀赋良好、人力资源不足的国家，如美国、澳大利亚、巴西等国，广泛运用了甘蔗机械化技术，在甘蔗耕作、种植、管理、收获实现了全程机械化，大大提高了劳动生产效益，降低了甘蔗的生产成本，甘蔗糖业竞争力居国际先进水平。在机械化运作的基础上，深入开展现代甘蔗产业技术下的甘蔗高产高糖高效技术研究与应用。如美国农业部甘蔗研究所配套了蔗叶机械化粉碎还田、糖厂蔗渣生物肥、滤泥生物肥等多项保持和提高土壤养分的技术，并由国会制定政策在全国蔗区实施。澳大利亚 HSES 所属的 3 个试验站、CSTRO 热带农业研究所都投入大量的人力和物力进行甘蔗高产高糖可持续综合技术研究开发，广泛应用了蔗叶还田技术和 N、P、K 平衡配方施肥等为主的综合技术。

而在土地资源甘蔗源禀赋不足、人力资源多的国家，如印度、中国等，主要研究甘蔗高产高糖高效种植技术。如中国主产区注重良种选择和推广、抗旱节水甘蔗栽培、适时播种、因土配方施肥或平衡施肥、及时防治各种病虫害、地膜覆盖技术、甘蔗伸长拔节以前的田间管理，积极推广应用甘蔗新技术、新成果，如各种新型生物肥料、微量元素肥料、生物农药、增产增糖剂等。发展中国家十分注重研究适用的甘蔗农业机械、免耕直播技术等。

（六）甘蔗产业有害生物防治技术

有害生物防治是甘蔗可持续发展的重要保证。随着现代化工技术的发展，主要是农药技术的发展，世界广泛运用了甘蔗农药防治病虫害、甘蔗化学除草技术。

甘蔗作为用蔗茎腋芽进行无性繁殖的作物，许多重要的甘蔗病虫害都是通过种苗传播的。国外许多蔗糖生产国和地区都把建立甘蔗专用种苗圃，种植健康、无病虫、无混杂种苗，作为提高甘蔗产量和糖分的一项重要举措。例如美国从 20 世纪 60 年代起便研究使用甘蔗专用种苗圃。巴西、古巴、澳大利亚、南非和菲律宾等国家十分重视脱毒健康种苗的研究、生产和推广，每个糖厂均建有自己的健康种苗生产基地，80％以上的蔗区使用健康种苗。中国台湾地区自 20 世纪 90 年代初开始健康种苗的研究和利用，实现增产 30％；广西 1998 年以来，开始了研究应用。另外，多年来，防治甘蔗病虫害主要依赖化学农药，大量地杀伤了自然界中害虫的天敌，导致了虫害和天敌之间的动态关系发生了新的变化。近年来，生物防治已成为综合的防治病虫害的重要措施之一，其社会效益、生态效益越来越引起国家和社会的关注。利用赤眼蜂防治甘蔗螟虫是非常成功的例子，应用白僵菌防治 40 多种害虫也获得成功，仅我国南方的 10 个省（自治区）就有白僵菌厂

64 个，年生产能力达 2 100 多吨，每年防治面积达到 50.3 万余公顷，对控制虫害的发生、减少环境的污染起到了显著的作用。

(七) 甘蔗产业信息技术

世界上的甘蔗产业信息技术主要是从以下两个方面发展应用的：

一是甘蔗种植生产自动信息技术，主要以美国、澳大利亚等发达国家为主，在甘蔗农业机械化上采用自动智能控制的信息技术，实现甘蔗机械化下的精确定量耕作、施肥、收获等。

二是以发展中国家——中国为代表的甘蔗信息技术，主要是对蔗区、蔗农、生产物资进行信息化管理，甘蔗原料组织收获、过磅、结算等的管理。

此外，不论发达与发展中国家，都十分注重甘蔗糖业的公共社会化信息技术系统（网络网站）服务，如气象信息系统、市场信息系统、科技信息系统等。

二、蔗糖主产国产业政策[①]

(一) 总体情况

全世界有 120 个国家和地区生产食糖，居前十位的国家有：巴西、欧盟、印度、中国、美国、泰国、澳大利亚、墨西哥、古巴和巴基斯坦（图 1、图 2）。甘蔗糖主产国分布在南美洲、加勒比海地区、大洋洲、亚洲和非洲，主要以发展中国家为主。

---

① 该节数据主要依据昆商糖网整理而成。

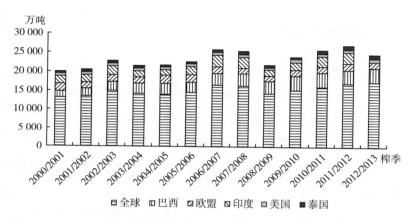

图1　2000/2001榨季以来全球及主产国家、地区产量对比

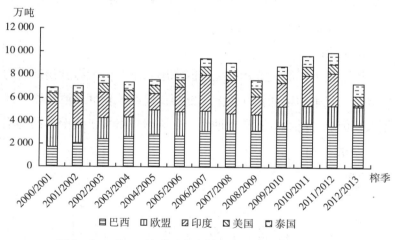

图2　2000/2001榨季以来食糖主产国及地区产量对比

目前，几大国际食糖期货市场由于资金的高度密集，而且其糖价不反映世界主产国的生产成本，也不代表各国国内的销售价格，各国都有对国内糖业的保护政策及措施，导致了国际食糖市场的不规范。

（二）糖业政策

1. 概述

各国制定糖业政策的出发点都是为保护糖农的利益，通过各种手段形成一系列政策措施，稳定糖价，保护国内糖业。

相关政策都是根据自给率高低来制定政策，对于食糖进口国而言，要提高自主能力；而对于食糖出口国，则是保证过剩糖的顺利出口且不对国内糖市产生影响。

采用的手段一般有：关税进口，除澳大利亚是零关税进口，其余国家均为关税进口；非关税进口，即配额管理；国内市场的份额；单渠道市场；政府或机构定价。

2. 巴西

巴西是世界最大的食糖生产国和出口国，对世界食糖市场的影响力和竞争力都很强（图3、图4）。巴西的食糖与酒精联产计划大大促进了巴西甘蔗和食糖生产，同时也增加了食糖市场的不确定因素。

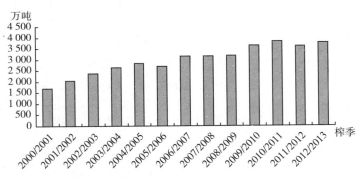

图3 2000/2001榨季以来巴西食糖产量走势

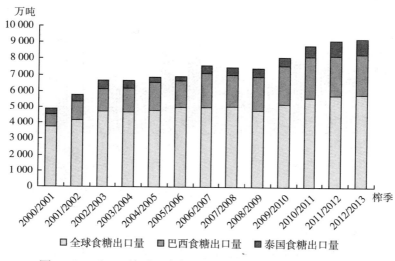

图4　2000/2001榨季以来全球、巴西、泰国食糖出口量对比

巴西是一个食糖净出口国，其糖业政策比较简单，主要有调控国内生产的食糖与酒精联产计划、进口关税等制度。巴西的糖业管理机构是巴西食糖与酒精协会。

3. 印度

印度与中国同是产糖大国，又同处亚洲市场，印度的糖业现状及与众不同的糖业政策值得研究和关注。

（1）**糖业现状**。印度是世界第二大产糖国（2000/2001、2001/2002榨季居第一位）、第一大消费国和主要出口国（图5）。

其甘蔗种植面积大，糖业生产基数大。因气候对甘蔗的产量影响极大，故糖产量的变化波动剧烈，幅度巨大，对国际糖价的影响举足轻重。

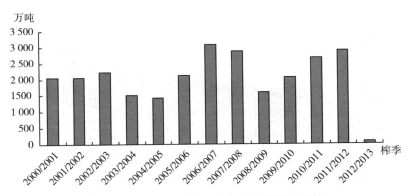

图5 2000/2001榨季以来印度食糖产量走势

（2）糖业政策

——甘蔗最低保护价。印度政府的糖业政策比较灵活，每年都要制定甘蔗最低保护价格，各邦政府可在联邦政府定价的基础上把甘蔗收购价上调20％～50％，糖厂必须按邦政府出台的甘蔗收购价来购买甘蔗。

——食糖价格政策。为保持市场居民配给糖价格的平稳，当市场食糖供应偏紧、价格上扬时，政府以低于糖厂生产成本的价格收购糖厂60％～70％的糖；余下的免税糖，由糖厂拿到市场自由销售，赚钱补差、盈利。当食糖过大于求、糖价下跌时，政府即取消对糖的管制，不再强制收购糖厂的糖。

——食糖市场投放机制。印度政府要求糖厂将其生产的部分食糖出售给政府，即所谓的"征收食糖"，这一部分食糖的价格必须低于市场价，仅是其生产成本的25％～30％。然后，政府又通过其公共销售系统将这部分食糖以更低的价格出售给生活水平低于贫困线的消费者；政府还要求糖厂按市场价来销售其余

糖，但政府为稳定食糖的市场价，要求无论是自由食糖销售还是
征收食糖销售，二者都不能脱离定期配额体制的规定。过去几年
来，印度政府实施分阶段开放其食糖市场的政策，逐年降低向糖
厂征收食糖的比例，从 2002 年 4 月 1 日起，政府征收的食糖比
例已从 2000 年以前的 40％降低至 10％；为提高糖厂的营销灵活
性，印度政府修改了其食糖自由销售配额机制，从 2002 年 1 月
份开始，不再实行每月发放食糖自由销售配额，取而代之的是按
季度发放食糖自由销售配额，所发放的配额中，50％在前半季度
投放市场，剩下的 50％在后半季度投放市场；此外，印度政府
还在 2002 年指定了 3 家公司从 2002/2003 榨季开始进行食糖期
货交易，但因食糖期货交易无利可图，印度的食糖期货交易迟迟
未启动。直到 2003 年 12 月 15 日印度国家商品及衍生品交易所
（NCDEX）才正式成立，而白砂糖期货合约是在 2004 年 7 月 27
日开始挂盘交易的。印度启动食糖期货交易后，政府就开始从市
场上直接采购食糖并通过公共销售系统以补贴方式销售所购的食
糖，把稳定糖价的任务交由期货交易解决。

　　——进出口关税政策。印度的食糖产量居世界第二，2008/
2009 榨季之前，该国一直处于食糖净出口国的地位，因此实行
鼓励出口、限制进口的政策。政府对进口糖征收 60％的进口关
税，外加一定数额的营业税，同时还对免税进口原糖加工成白糖
后复出口进行严格控制。

　　由于 2008/2009 榨季印度食糖产量锐减，而消费却保持强
劲，国内存在严重的供需缺口，印度除向特定国家（如美国）出
口部分配额食糖，基本上没有大规模的出口食糖。由于国内食糖
供给持续紧张，国内食糖价格高企。为抑制国内糖价上涨，印度

政府不仅把库存糖投放市场、限制商家囤积食糖数量，还相应实行方块食糖进口管制，以进口原糖弥补缺口。2009年政府取消了原糖进口关税。先是允许企业免税进口原糖并加工成白糖后投放国内市场，然后又同意把免税进口原糖的期限延长。

当国内食糖供大于求时，为扩大食糖出口，印度政府采取了许多推动食糖出口的鼓励措施，如免除食糖消费税、不再实施定期配额销售管制、免除每吨850卢比的营业税等措施。印度政府从印度糖业发展基金中出资对国内食糖运输提供每吨12～14美元的补贴，同时给食糖出口商提供海运补贴，每吨出口糖补贴7美元。

——糖业科研方面。印度设有甘蔗育种研究所、甘蔗（农业）研究所、甘蔗制糖（工业）研究所，进行育种选育制糖工程等相关方面的研究与开发。

——酒精生产计划。当面临市场上甘蔗和食糖泛滥的严峻局势时，印度政府启动了用糖蜜和甘蔗汁来生产燃料酒精的计划。该项计划从2003年1月份开始，已在9个邦进行试点，目标是年产酒精3.2亿～3.5亿升，所生产的酒精将直接由政府控股的石油公司收购，按5%的比例把酒精掺兑至汽油中。鉴于酒精供给有限，政府已把酒精汽油的生产和销售期限推迟到2003年6月底执行。这是因为用甘蔗汁或糖浆分离酒精，厂家还需增加投资进行技术改造，另外也需观望一段时间，以确定市场究竟有多大的酒精容量。

4. 泰国

（1）**糖业现状**。泰国是亚洲最大的食糖出口国，亦是世界第三大食糖出口国。其国内年食糖消费量约190万吨，每年可供出口量 350 万吨左右（图 6、图 7）。

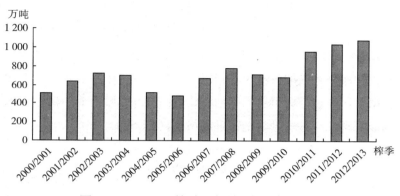

图 6　2000—2001 榨季以来泰国食糖产量走势

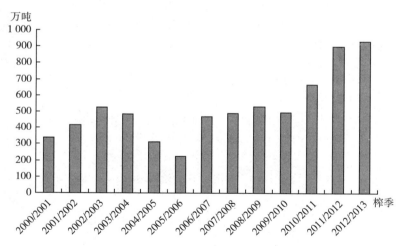

图 7　2000—2001 榨季以来泰国食糖出口情况

泰国糖厂 46 家，日榨能力大约为 13 000 吨，泰国糖业的生产率较巴西、澳大利亚等国家虽有差距，但却是亚洲主要的糖源供应国，其出口对象主要为亚洲国家、俄罗斯及美国，是中国重要的进口糖源地。泰国的食糖生产及出口情况、糖业政策对国际市场，尤其对亚洲市场有一定影响。

（2）糖业政策。泰国政府对糖业实行配额管理，每年均对糖产量分配配额，以确保国内食糖供应的安全并维护食糖生产者利益，配额分为三部分：A 类：国内白糖消费的配额；B 类：泰国蔗糖公司通过招标销售的原糖；C 类：出口的原糖或白糖。泰国糖业管理部门是泰国蔗糖管理委员会（TCSB）。

参 考 文 献

陈如凯，等．现代甘蔗遗传育种［M］．北京：中国农业出版社．

张跃彬，等，2008．现代甘蔗产业技术国内外发展状况及建议［J］．中国糖料（4）：54－57，65．

我国糖价波动规律及成因分析

    新中国成立以来，我国食糖流通体制变迁经历了两个阶段。第一阶段是 1991 年底前的综合性计划管理时期。当时我国对食糖流通领域实行单一的综合性计划管理，糖料和食糖购销从数量、价格到流向，全部纳入计划安排，即实行"统一收购，集中管理"的计划体制。这一时期货源由国有商业部门统一收购、调拨、分配，实行指令性计划。糖料的收购除少部分由农场向糖厂交售，大部分由分散种植的农民向糖厂交售；食糖生产出来，由国有食糖流通企业向制糖企业买断后再批发；用糖大户和零售企业则向国有批发公司进货。糖料价格在 1962 年以前一直是随行就市，1963 年后由中央统一管理。食糖出厂价格和批发、零售价格均由国家制定。由于生产发展缓慢，供求矛盾突出，在终端消费领域我国曾长期实行食糖的定量供应。第二阶段是 1991 年底至今，即计划经济向市场经济的转轨期。20 世纪 90 年代以来，我国食糖行业发展迅速，食糖产量在波动中不断增长，消费量持续增加，但食糖市场价格波动较大，波动幅度大于国际市场，给企业经营和农民利益带来严重影响。

一、20 世纪 90 年代以来我国食糖市场波动状况及特点

自 1991 年起，我国对糖业的管理由指令性计划改为指导性计划，食糖市场开始放开，食糖行业得到快速发展，但市场运行很不平稳，价格大幅波动，生产大起大落。从总体看，20 世纪 90 年代以来我国食糖市场经历了 7 次大的波动：

第一次波动表现在 1991/1992 榨季和 1992/1993 榨季，食糖市场价格由 2 400 元/吨下跌至 1 700 元/吨。1991 年食糖市场的开放，激发了糖农种植糖料的积极性，糖料种植面积较 1990 年（168 公顷）增加 27 公顷、增长 16.1％，1991/1992 榨季和 1992/1993 榨季食糖产量猛增到 791.6 万吨和 772.6 万吨，国内食糖市场明显供大于求，直到国家收储了 120 万吨储备后，糖价开始逐步回稳。

第二次波动是在 1993/1994 榨季和 1994/1995 榨季，糖价持续上涨，最高达到 4 800 元/吨。糖价连续两年下跌、制糖企业大量拖欠糖农糖料款等，挫伤了糖农种植糖料的积极性，从而导致 1993/1994 榨季、1994/1995 榨季糖料及食糖产量的大幅下降。这两个榨季的食糖产量分别为 602.3 万吨和 542 万吨，分别比 1992/1993 榨季减少 170.3 万吨和 230.6 万吨，造成国内食糖市场供应紧张，致使糖价快速上涨。为平抑市场，国家增加了进口（1995 年净进口量达 247.4 万吨），但并没有充分投放市场，糖价直到 1995 年末才有所回落。

第三次波动是在 1997/1998 榨季和 1998/1999 榨季，糖价由

4 300 元/吨下跌至 1 900 元/吨。受前几年糖价高位运行的拉动，糖料种植面积持续增加，同时各地食糖生产能力盲目扩大，使 1997/1998 榨季和 1998/1999 榨季糖料和食糖产量大幅度增加，分别达到 811 万吨和 882 万吨。加之这一时期食糖走私较为猖獗，致使国内食糖市场严重供过于求，糖价最低下跌至每吨 1 900 元。此间国家实施收储、增加储备，1999 年末库存比上年增加了近 1 倍，达到 263 万吨。

第四次波动是在 1999/2000 榨季和 2000/2001 榨季，糖价快速上涨，最高升至 4 465 元/吨。受 1999 年南方地区罕见霜冻的影响，甘蔗受灾严重，加之种植面积有所下降，致使这两个榨季的糖料及食糖产量大幅度下降，1999/2000 榨季食糖产量为 687 万吨，2000/2001 榨季食糖产量仅为 620 万吨。加之这两年净进口量较少（1999 年为 4.9 万吨、2000 年为 26.0 万吨），促使国内糖价上涨并高位运行。为平抑糖价，2001 年国家采取抛售国储糖和增加进口（2001 年净进口量为 100.3 万吨）等措施，下半年糖价开始回落。

第五次波动是在 2001/2002 榨季和 2002/2003 榨季，这一时期糖价从每吨 4 200 元下跌至 2 000 元以下。随着 2001 年、2002 年糖料面积及糖料产量的恢复性增长，2001/2002 榨季食糖产量迅速增长，达到 849.7 万吨。2002/2003 榨季进一步提高达到 1 063.7 万吨，同比增加 214 万吨，达到历史最高水平。同时受入世影响，这两年食糖进口量较大（2002 年、2003 年食糖净进口量分别为 85.8 万吨和 67.3 万吨），导致国内糖价急转直下，2002 年 4 月每吨跌破 2 600 元，到 2003 年 8 月跌至最低（1 954 元/吨）。国家出台增加储备糖收购措施后，糖价开始逐步回升。

第六次波动从 2003/2004 榨季开始到 2005/2006 榨季结束。受 2003—2006 年糖料播种面积连续下降及持续干旱的影响，全国食糖产量连续 3 个榨季下降，而食糖消费量却逐年递增，致使当年度产不足需。2003/2004 榨季食糖市场批发均价为 2 712 元/吨、2004/2005 榨季为 3 030 元/吨，2005/2006 榨季上涨至 4 402 元/吨。2005/2006 榨季食糖价格比 2003/2004 榨季每吨上涨 1 690 元。

第七次波动从 2006/2007 榨季开始，这一周期正在进行当中。受 2005/2006 榨季糖价暴涨的影响，2006 年我国糖料播种面积有较大的扩大，糖料及食糖产量创历史新高。受此影响，国内糖价持续下行，预计 2006/2007 榨季食糖市场批发均价为 3 800元/吨。预计未来 1～2 个榨季我国糖料及食糖产量继续走高，糖价相对于 2005/2006 榨季的高价格将有所回落。

二、我国食糖价格波动的主要原因

造成我国食糖价格波动的因素较多，既有国内生产供给和国际市场供求变化的影响，又有食糖消费、市场体系和宏观调控等方面的因素，因此，食糖成为我国农产品中价格波动最大的品种之一。

（一）食糖产销不稳定是造成价格波动的主要因素

改革开放以来，随着经济的发展和人民生活水平的提高，我国食糖消费得到快速发展，消费量由 1978 年的 280 万吨增长到 1991 年的 650 万吨，年均增长 7％左右，这一时期，市场还处于供不应求阶段；90 年代以来，我国食糖消费继续保持持续稳步增长的态势，年均增长 4％左右。我国食糖消费主要依靠国内生产，国产糖占到消费量的 80％以上，在需求稳步增长的同时，国内食糖产量的大幅变化，直接引起了市场供求关系的不稳定，导致市场价格的波动。将近年来我国食糖价格的波动变化与食糖产量的波动变化对比可以看出（图 1），二者波动的周期基本一致，但波动规律完全相反，近年糖价的七次波动中，第 2、第 4 和第 6 次的上涨行情均是由于糖料生产萎缩、食糖产量下降、市场供给紧张引起的，而其他 4 次的价格下跌波动都是糖料种植面积增加、食糖增产、市场供过于求造成的，供求关系作为主要因素支配着价格的走势。同时，我国食糖季节生产全年销售、区域生产全国销售的特点，一定程度上也引起榨季与非榨季、产区与销区的价格变化，加剧了市场的波动。

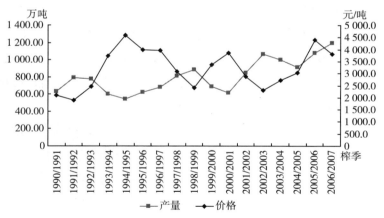

图 1　1990/1991 榨季以来我国食糖价格走势与产量走势关系

注：2006/2007 榨季数为预计数。

（二）糖料生产的波动是食糖价格波动的根本原因

制糖业是典型的农产品加工业，制糖原料是决定食糖供给的

215

基础因素。多年来，我国糖料种植分散在千家万户，户均种植面积远远低于其他产糖国，糖料生产的专业化、组织化程度不高，优良品种的培育和推广程度较低，且受天气等自然条件和诸多外部因素影响较多，造成糖料种植面积和产量的波动较大；同时，对糖料种植的信息引导不能完全适应市场的需要，相对于食糖市场的快速变化，糖料生产由于生产周期和产业链较长，对市场变化的反应相对滞后；加上蔗农市场意识不强，造成信息的不对称，致使糖料种植、食糖生产和市场的脱节，特别是市场信息的不准确甚至失真，容易对糖料种植形成误导，加大了糖料种植面积的不稳定性，引起市场的连锁反应。从 20 世纪 90 年代以来我国糖料产量的走势看，基本以 3 年左右的时间为一个周期上下波动，食糖生产量的变化规律与其完全一致，1994/1995 榨季甘蔗产量 4 198 万吨，处于近年的最低点，致使该榨季食糖产量降至最低点，2002/2003 榨季甘蔗产量 7 312 万吨，达到近年的最高点，该榨季食糖产量也升至历史最高点，表明糖料产量直接影响食糖的生产，成为影响食糖市场的根本原因。

此外，还有国际市场的变化以及进口和走私，对国内食糖市场的影响；食糖替代品产销政策对食糖市场的稳定，也会产生一定的影响；食糖市场管理体系不完善，也影响了食糖市场的稳定发展；国家宏观调控的时机和力度，一定程度上也会影响食糖市场的平稳。

总之，我国食糖价格波动较大的原因是多方面的，要保证国内食糖市场的稳定运行，必须加强和改进对食糖市场的宏观管理与调控，处理好农民与企业、生产与流通、国内市场与国际市场等方面的关系，实现糖业种植、生产、流通和消费的协调发展。

第四篇 PART FOUR

供需形势分析、解读报告及新闻发布

2016 年中国食糖供需形势分析

一、2016 年 8 月

本榨季食糖生产已经结束，2015/2016 年度中国食糖产量 870 万吨。本月估计，2015/2016 年度中国食糖消费量 1 520 万吨，较上月估计调减 10 万吨，主要是考虑 7 月食糖价格总体继续回升、玉米价格下跌促进食糖消费替代；2015/2016 年度国际食糖均价区间在每磅 15～18 美分，上限值比上月估计下调 1 美分，主要是考虑印度雨季降水正常，有利于缓解甘蔗前期旱情，巴西近期天气有利于甘蔗砍收压榨；2015/2016 年度国内食糖均价区间在每吨 5 400～5 600 元，上限值比上月估计下调 100 元，主要是基于对 8—9 月两个月糖价的估计。本月对 2016/2017 年度中国食糖供需形势预测与上月保持不变（表 1）。

表 1　中国食糖供需平衡表（2016 年 8 月）

年度	2014/2015	2015/2016 （8 月估计）	2016/2017 （7 月预测）	2016/2017 （8 月预测）
糖料播种面积（万公顷）	157.9	143.5	143.3	143.3

(续)

年度	2014/2015	2015/2016 （8 月估计）	2016/2017 （7 月预测）	2016/2017 （8 月预测）
甘蔗	145.7	130.1	127.0	127.0
甜菜	12.2	13.4	16.3	16.3
糖料收获面积（万公顷）	157.9	143.5	143.3	143.3
甘蔗	145.7	130.1	127.0	127.0
甜菜	12.2	13.4	16.3	16.3
糖料单产（吨/公顷）	54.60	54.38	54.38	54.38
甘蔗	61.80	60.75	60.00	60.00
甜菜	47.40	48.00	48.75	48.75
食糖产量（万吨）	1 056	870	990	990
甘蔗糖	982	785	885	885
甜菜糖	74	85	105	105
食糖进口量（万吨）	481	350	350	350
食糖消费量（万吨）	1 510	1 520	1 530	1 530
食糖出口量（万吨）	6	16	7	7
结余变化（万吨）	21	−316	−197	−197
国际食糖价格（美分/磅）	13.44	15～18	18～23	18～23
国内食糖价格（元/吨）	4 877	5 400～5 600	5 600～6 400	5 600～6 400

注：食糖市场年度为当年 10 月至下年 9 月。

二、2016 年 10 月

2015/2016 年度结束，食糖均价每吨 5 457 元，比上年度上涨 11.9%，远大于上年度 3.8% 的涨幅。国际食糖年度均价在四连跌后大幅上涨，至每磅 16.5 美分，比上年度上涨 22.9%。本月对 2015/2016 年度中国食糖供需数据的估计数不作调整。
2016/2017 年度北方甜菜糖生产已开始，生产基本正常；南方甘
蔗糖生产预计 11 月左右才陆续展开，甘蔗主产区大部气温正常
偏高，日照条件较好，土壤墒情适宜，有利于甘蔗生长，但对产
量的影响还要看后期的天气。因此，对本年度产量暂不作调整。
本月将 2016/2017 年度国际食糖均价区间调整为每磅 19～24 美
分，下限、上限均调高了 1 美分，调整依据主要是全球食糖当季
产不足需、缺口进一步扩大。同时，将国内食糖均价区间调整为
每吨 5 900～6 700 元，上限、下限均调高了 300 元，调整依据主
要是国内食糖供给偏紧，对进口糖的管理力度加大，以及国际糖
价持续上涨的带动。由于糖价上涨有利于淀粉糖等替代品竞争力
提高，不利于食糖消费增长，2016/2017 年度中国食糖消费量预
计比上年度有所下降，预测数较上月下调 20 万吨，为 1 510 万
吨（表 2）。

表 2　中国食糖供需平衡表（2016 年 10 月）

年度	2014/2015	2015/2016 （10 月估计）	2016/2017 （9 月预测）	2016/2017 （10 月预测）
糖料播种面积（万公顷）	157.9	143.5	143.3	143.3
甘蔗	145.7	130.1	127.0	127.0
甜菜	12.2	13.4	16.3	16.3
糖料收获面积（万公顷）	157.9	143.5	143.3	143.3
甘蔗	145.7	130.1	127.0	127.0
甜菜	12.2	13.4	16.3	16.3
糖料单产（吨/公顷）	54.60	54.38	54.38	54.38
甘蔗	61.80	60.75	60.00	60.00

（续）

年度	2014/2015	2015/2016 （10 月估计）	2016/2017 （9 月预测）	2016/2017 （10 月预测）
甜菜	47.40	48.00	48.75	48.75
食糖产量（万吨）	1 056	870	990	990
甘蔗糖	982	785	885	885
甜菜糖	74	85	105	105
食糖进口量（万吨）	481	350	350	350
食糖消费量（万吨）	1 510	1 520	1 530	1 510
食糖出口量（万吨）	6	16	7	7
结余变化（万吨）	21	−316	−197	−177
国际食糖价格（美分/磅）	13.44	16.52	18～23	19～24
国内食糖价格（元/吨）	4 877	5 457	5 600～6 400	5 900～6 700

注：食糖市场年度为当年 10 月至下年 9 月。

三、2016 年 12 月

目前，甜菜已收获完毕，前期天气影响了糖分积累，出糖率比上年同期略偏低，但对甜菜糖产量的影响需要进一步观察。11月份甘蔗主产区气象条件总体有利于甘蔗糖分的积累，甘蔗糖厂陆续开榨；广西有 20 家糖厂开工，比上年同期减少 5 家；预计12 月中下旬，将进入开榨高峰，12 月及来年 1 月新糖将大量上市。本月各主产区食糖产量预测均未有新的调整，2016/2017 年度中国食糖产量预测数仍为 990 万吨。上月报告考虑到糖价上涨对食糖消费有一定的抑制作用，对 2016/2017 年度中国食糖消费量较上年度调减 20 万吨，至 1 500 万吨，本月暂与上月保持一致。本月对 2016/2017 年度中国国内食糖均价的预测区间调整为

每吨 6 200～6 900 元，下限和上限比上月分别调高了 200 元和
100 元。主要是考虑食糖价格连续三个月上涨，且 10 月和 11 月
这两个月食糖均价在每吨 6 500 元以上。受商务部对进口食糖进
行保障措施立案调查工作的推进、行业自律、国际运费上涨推高
食糖进口成本等因素的综合影响，预计食糖进口将比上年度有所
减少，维持上月 350 万吨的预测不变（表 3）。

表 3　中国食糖供需平衡表（2016 年 12 月）

年度	2014/2015	2015/2016 （12 月估计）	2016/2017 （11 月预测）	2016/2017 （12 月预测）
糖料播种面积（万公顷）	157.9	142.3	143.3	143.3
甘蔗	145.7	129.5	127.0	127.0
甜菜	12.2	12.8	16.3	16.3
糖料收获面积（万公顷）	157.9	142.3	143.3	143.3
甘蔗	145.7	129.5	127.0	127.0
甜菜	12.2	12.8	16.3	16.3
糖料单产（吨/公顷）	54.60	57.08	56.25	56.25
甘蔗	61.80	60.30	60.00	60.00
甜菜	47.40	53.85	52.50	52.50
食糖产量（万吨）	1 056	870	990	990
甘蔗糖	982	785	885	885
甜菜糖	74	85	105	105
食糖进口量（万吨）	481	373	350	350
食糖消费量（万吨）	1 510	1 520	1 500	1 500
食糖出口量（万吨）	6	15	7	7
结余变化（万吨）	21	−292	−167	−167
国际食糖价格（美分/磅）	13.44	16.52	19～24	19～24
国内食糖价格（元/吨）	4 877	5 457	6 000～6 800	6 200～6 900

　　注：食糖市场年度为当年 10 月至下年 9 月。

2017 年中国食糖供需形势分析

一、2017 年 2 月

据中国糖业协会统计数据显示，截至 1 月底，中国已产糖 454 万吨，比上年度同期增长 33 万吨，增幅 7.8%；其中甘蔗糖产量 361 万吨，比上年度同期增长 21 万吨，增幅 6.2%；甜菜糖产量为 93 万吨，比上年度同期增长 12 万吨，增幅 14.8%。由于本年度食糖价格涨幅较大，蔗农扩种意愿明显增强，留种量的增加可能会在一定程度上造成本年度甘蔗入榨量减少，进而影响食糖产量，具体影响程度有待进一步观察。1 月以来，主产区天气总体正常，单产、出糖率等指标符合预期。因此，对各主产区食糖产量预测均未有新的调整，本月 2016/2017 年度中国食糖产量预测数仍保持 990 万吨；食糖消费量 1 500 万吨，也与上月预测相同。虽然 2017 年 1 月份国内食糖均价稳中有跌，但更多是季节性波动。本月对年度国内食糖均价的预测不作调整（表 1）。

表 1   中国食糖供需平衡表（2017 年 2 月）

年度	2014/2015	2015/2016（2 月估计）	2016/2017（1 月预测）	2016/2017（2 月预测）
糖料播种面积（万公顷）	157.9	142.3	143.3	143.3
甘蔗	145.7	129.5	127.0	127.0
甜菜	12.2	12.8	16.3	16.3
糖料收获面积（万公顷）	157.9	142.3	143.3	143.3
甘蔗	145.7	129.5	127.0	127.0
甜菜	12.2	12.8	16.3	16.3
糖料单产（吨/公顷）	54.60	57.08	56.25	56.25
甘蔗	61.80	60.30	60.00	60.00
甜菜	47.40	53.85	52.50	52.50
食糖产量（万吨）	1 056	870	990	990
甘蔗糖	982	785	885	885
甜菜糖	74	85	105	105
食糖进口量（万吨）	481	373	350	350
食糖消费量（万吨）	1 510	1 520	1 500	1 500
食糖出口量（万吨）	6	15	7	7
结余变化（万吨）	21	−292	−167	−167
国际食糖价格（美分/磅）	13.44	16.52	18～23	18～23
国内食糖价格（元/吨）	4 877	5 457	6 400～6 900	6 400～6 900

注：食糖市场年度为当年 10 月至下年 9 月。

二、2017 年 4 月

2016/2017 年度中国食糖生产进入尾声，根据中国糖业协会统计，截至 3 月底 2016/2017 年度全国已累计产糖 861.87 万吨，其中甘蔗糖产量 759.21 万吨，比上年度同期增加 43.61 万吨，增幅 6.1%；甜菜糖产量 102.66 万吨，比上年度同期增加 18.68 万吨，增幅 22.2%。截至 2017 年 3 月底，甘蔗糖厂中，广西和广东分别仅剩 1 家和 3 家糖厂没有收榨，云南已有 5 家糖厂收榨；甜菜糖厂已全部收榨。本月预测，2016/2017 年度中国食糖产量 925 万吨，比上月预测调低 45 万吨。一方面由于甘蔗种植效益预期好转，留种量增加，导致入榨甘蔗量调减；另一方面综合遥感监测数据和地方农业部门反映的最新情况，甘蔗实际种植面积低于预期。国内食糖产量下调扩大了国内食糖产需缺口，但是，储备糖投放足以弥补食糖产需缺口变化，预计近期国内食糖市场供需将保持基本平衡，基于此，本月对食糖价格等指标暂不作调整。后期，需密切关注国际糖价的走势及其对国内糖价的影响；同时，要进一步关注贸易保障措施调查结果、走私糖、相关政策等因素的影响（表 2）。

表 2　中国食糖供需平衡表（2017 年 4 月）

年度	2014/2015	2015/2016 （4 月估计）	2016/2017 （3 月预测）	2016/2017 （4 月预测）
糖料播种面积（万公顷）	157.9	142.3	143.3	134.9
甘蔗	145.7	129.5	127.0	118.1
甜菜	12.2	12.8	16.3	16.8
糖料收获面积（万公顷）	157.9	142.3	143.3	134.9
甘蔗	145.7	129.5	127.0	118.1
甜菜	12.2	12.8	16.3	16.8
糖料单产（吨/公顷）	54.60	57.08	56.25	56.25
甘蔗	61.80	60.30	60.00	60.00

（续）

年度	2014/2015	2015/2016 （4 月估计）	2016/2017 （3 月预测）	2016/2017 （4 月预测）
甜菜	47.40	53.85	52.50	52.50
食糖产量（万吨）	1 056	870	970	925
甘蔗糖	982	785	865	822
甜菜糖	74	85	105	103
食糖进口量（万吨）	481	373	350	350
食糖消费量（万吨）	1 510	1 520	1 500	1 500
食糖出口量（万吨）	6	15	7	7
结余变化（万吨）	21	−292	−187	−232
国际食糖价格（美分/磅）	13.44	16.52	18～23	18～23
国内食糖价格（元/吨）	4 877	5 457	6 400～6 900	6 400～6 900

注：食糖市场年度为当年 10 月至下年 9 月。

三、2017 年 5 月

2016/2017 年度中国食糖生产进入尾声，据中国糖业协会统计，截至 4 月底 2016/2017 年度中国已累计产糖 915.18 万吨，其中甘蔗糖产量 810.47 万吨，比上年度同期增加 39.48 万吨，增幅 5.1%；甜菜糖产量 104.71 万吨，比上年度同期增加 20.73 万吨，增幅 27.7%。截至 2017 年 4 月底，仅云南还有少数糖厂在生产，其他产区均已停榨。对 2016/2017 年度各指标的预测，与上月保持一致。由于糖料收购价格回升、兑付糖料款及时以及对进口食糖可能采取保障措施的预期，农民种植糖料积极性提升，糖料种植面积增加，预计 2017/2018 年度食糖产量将保持恢复性增长。综合各主产区情况，初步预计下年度中国糖料种植面积为 147.2 万公顷、较 2016/2017 年度增长 9.1％，食糖产量 1 047 万吨、较 2016/2017 年度增长 13.5％。由于玉米价格下调增加了淀粉糖替代的竞争力，使得食糖消费增长空间受到挤压，预计 2017/2018 年度中国食糖消费保持平稳为 1 500 万吨，而中国食糖进口在行业自律的基础上，将继续有序、平衡进行，预计 2017/2018 年度中国食糖进口将维持在 350 万吨水平。由于中国食糖产量恢复性增长，消费持平，供求关系得到进一步改善，预计 2017/2018 年度中国糖价将有所下降，均价在 6 200～6 800 元/吨（表 3）。

表 3　中国食糖供需平衡表（2017 年 5 月）

年度	2015/2016	2016/2017（4 月估计）	2016/2017（5 月估计）	2017/2018（5 月预测）
糖料播种面积（万公顷）	142.3	139.6	134.9	147.2
甘蔗	129.5	122.5	118.1	127.7
甜菜	12.8	17.1	16.8	19.5
糖料收获面积（万公顷）	142.3	139.6	134.9	147.2
甘蔗	129.5	122.5	118.1	127.7
甜菜	12.8	17.1	16.8	19.5
糖料单产（吨/公顷）	57.08	58.50	56.25	56.25
甘蔗	60.30	61.80	60.00	60.00
甜菜	53.85	55.20	52.50	52.50
食糖产量（万吨）	870	929	925	1 047
甘蔗糖	785	842	820	923
甜菜糖	85	105	105	124
食糖进口量（万吨）	373	229	350	350

（续）

年度	2015/2016	2016/2017 （4 月估计）	2016/2017 （5 月估计）	2017/2018 （5 月预测）
食糖消费量（万吨）	1 520	1 490	1 500	1 500
食糖出口量（万吨）	15	12	7	7
结余变化（万吨）	−292	−344	−232	−110
国际食糖价格（美分/磅）	16.52	17.39	18～23	14～18
国内食糖价格（元/吨）	5 457	6 570	6 400～6 900	6 400～6 800

注：食糖市场年度为当年 10 月至下年 9 月。

四、2017 年 8 月

据中国糖业协会统计，截至 2017 年 7 月末，2016/2017 年度全国累计销糖 665.2 万吨，比上年度同期增加 64.8 万吨；销糖率 71.6%，比上年度同期加快 2.6 个百分点。本月估计：2016/2017 年度中国食糖均价为每吨 6 500～6 700 元，上限比上月调低 200 元，主要是近几个月糖价基本呈略跌的走势，而 7 月白糖期货价格的快速下挫，使市场信心遭受打击，虽处消费旺季但食糖销售不畅，7 月食糖均价更是小幅下跌。2016/2017 年度中国食糖进口量为 260 万吨，比上月调低 40 万吨，主要由于国家对进口食糖采取保障措施，食糖进口受到一定的抑制。7 月，广西降水较多，部分蔗区出现轻度渍涝灾害，对甘蔗生长影响在可控范围内；云南降雨普遍增多，局部地区有小范围次生灾害发生，病虫害处于多发阶段，各地采取了有效防治措施；新疆雨量较大，对甜菜生长有一定影响。综合判断，不利气象条件对糖料作物生长及最终食糖产量的影响仍需继续关注，对 2017/2018 年度预测数据暂不作调整（表4）。

表4 中国食糖供需平衡表（2017年8月）

年度	2015/2016	2016/2017 （8月估计）	2017/2018 （7月预测）	2017/2018 （8月预测）
糖料播种面积（万公顷）	142.3	135.1	147.2	147.2
甘蔗	129.5	118.3	127.7	127.7
甜菜	12.8	16.8	19.5	19.5
糖料收获面积（万公顷）	142.3	135.1	147.2	147.2
甘蔗	129.5	118.3	127.7	127.7
甜菜	12.8	16.8	19.5	19.5
糖料单产（吨/公顷）	57.08	56.25	56.25	56.25
甘蔗	60.30	60.00	60.00	60.00
甜菜	53.85	52.50	52.50	52.50
食糖产量（万吨）	870	929	1 047	1 047
甘蔗糖	785	824	923	923
甜菜糖	85	105	124	124
食糖进口量（万吨）	373	260	320	320
食糖消费量（万吨）	1 520	1 500	1 500	1 500
食糖出口量（万吨）	15	7	7	7
结余变化（万吨）	−292	−318	−140	−140
国际食糖价格（美分/磅）	16.52	16~21	14~18	14~18
国内食糖价格（元/吨）	5 457	6 500~6 700	6 400~6 800	6 400~6 800

注：食糖市场年度为当年10月至下年9月。

五、2017 年 10 月

2016/2017 年度中国食糖产销已经结束，中国食糖价格连续三个年度上涨，本年度食糖均价为每吨 6 570 元，符合预期，比上年度每吨上涨了 1 113 元，涨幅为 20.4%，高于上年度 11.9% 的涨幅；国际原糖价格连续两个年度上涨，本年度均价为每磅 17.39 美分，比上年度每磅上涨了 0.87 美分，涨幅为 5.3%，低于上年度 22.9% 的涨幅。由于国际食糖价格大幅波动和中国对进口食糖产品采取保障措施，本月将 2016/2017 年度的中国食糖进口量下调 25 万吨至 235 万吨。同时，上调食糖出口量 2 万吨至 12 万吨。2017/2018 年度中国食糖产销已经开始。内蒙古和新疆等甜菜糖产区已经开机生产，天气总体正常，甜菜单产略有下降但出糖率有所回升，生产顺利。甘蔗生长进入糖分累积的关键时期。广西甘蔗长势良好，台风天气带来充足雨水，未造成严重灾害。云南受降水较多影响，部分蔗区出现洪涝灾害和病虫害，糖厂和蔗农积极应对，病虫害得到有效控制。预计甘蔗糖产区的食糖生产将于 11 月上旬有序展开。由于本年度食糖生产刚刚开始，未来天气存在变数，因此，本月对 2017/2018 年度的指标暂不作调整（表 5）。

表 5　中国食糖供需平衡表（2017 年 10 月）

年度	2015/2016	2016/2017 （10 月估计）	2017/2018 （9 月预测）	2017/2018 （10 月预测）
糖料播种面积（万公顷）	142.3	135.1	147.2	147.2
甘蔗	129.5	118.3	127.7	127.7
甜菜	12.8	16.8	19.5	19.5
糖料收获面积（万公顷）	142.3	135.1	147.2	147.2
甘蔗	129.5	118.3	127.7	127.7
甜菜	12.8	16.8	19.5	19.5

（续）

年度	2015/2016	2016/2017 （10 月估计）	2017/2018 （9 月预测）	2017/2013 （10 月预测）
糖料单产（吨/公顷）	57.08	56.25	56.25	56.25
甘蔗	60.30	60.00	60.00	60.00
甜菜	53.85	52.50	52.50	52.50
食糖产量（万吨）	870	929	1 047	1 047
甘蔗糖	785	824	923	923
甜菜糖	85	105	124	124
食糖进口量（万吨）	373	235	320	320
食糖消费量（万吨）	1 520	1 500	1 500	1 500
食糖出口量（万吨）	15	12	7	7
结余变化（万吨）	—292	—348	—140	—140
国际食糖价格（美分/磅）	16.52	17.39	14～18	14～18
国内食糖价格（元/吨）	5 457	6 570	6 400～6 800	6 400～6 300

注：食糖市场年度为当年 10 月至下年 9 月。

2018年中国食糖供需形势分析

一、2018年1月

2017/2018年度中国食糖产销已全面展开。截至2017年12月底，全国累计产糖232.36万吨，比上年度同期增加2.7万吨，增幅1.18%；累计销糖103.83万吨，比上年度同期减少12.88万吨，减幅11.04%；累计销糖率44.68%，同比下降6.14个百分点。12月，甜菜糖生产平稳，重点工作依旧是防范冻化菜的产生；与上年度同期相比，甜菜出糖率提高，符合产量增加预期。甘蔗糖生产方面，广西全面开榨，但部分产区受到低温阴雨寡照不利天气影响，出糖率下降，甘蔗砍运受到拖累。云南部分产区因多雨和霜冻等不利天气，糖厂开榨受到一定影响。当前，甜菜糖生产进入后期，已有2家糖厂收榨；甘蔗糖生产进入高峰，未来是否有极端天气出现将直接影响食糖产量。后期我们将继续关注。本月对预测数据暂不作调整。国际食糖市场方面，巴西、澳大利亚等南半球食糖主产国（地区）的2017/2018年度食糖生产基本结束，印度和泰国等北半球食糖生产逐渐进入高峰。印度食糖产量恢复，巴西、泰国和欧盟地区食糖产量增加，全球食糖产量超过消费量，国际糖价下行的压力增大。鉴于此，将 2017/2018 年度国际食糖价格区间上限每磅调减 1 美分，至 17 美分/磅（表 1）。

表 1   中国食糖供需平衡表（2018 年 1 月）

年度	2015/2016	2016/2017 （1 月估计）	2017/2018 （12 月预测）	2017/2018 （1 月预测）
糖料播种面积（万公顷）	142.3	139.6	145.6	145.6
甘蔗	129.5	122.5	126.7	126.7
甜菜	12.8	17.1	18.9	18.9
糖料收获面积（万公顷）	142.3	139.6	145.6	145.6
甘蔗	129.5	122.5	126.7	126.7
甜菜	12.8	17.1	18.9	18.9
糖料单产（吨/公顷）	57.08	58.50	56.25	56.25
甘蔗	60.30	61.80	60.00	60.00
甜菜	53.85	55.20	52.50	52.50
食糖产量（万吨）	870	929	1 035	1 035
甘蔗糖	785	824	915	915
甜菜糖	85	105	120	120
食糖进口量（万吨）	373	229	320	320
食糖消费量（万吨）	1 520	1 490	1 500	1 500
食糖出口量（万吨）	15	12	7	7
结余变化（万吨）	−292	−344	−152	−152
国际食糖价格（美分/磅）	16.52	17.39	14～18	14～17
国内食糖价格（元/吨）	5 457	6 570	6 400～6 800	6 400～6 800

注：食糖市场年度为当年 10 月至下年 9 月。

二、2018 年 2 月

2017/2018 年度中国食糖生产进入旺季，截至 2017 年 1 月底,全国累计产糖 512.66 万吨,比上年度同期增加 58.7 万吨,增幅 12.9%;累计销糖 239.86 万吨,比上年度同期增加 46.04 万吨,增幅 23.8%;累计销糖率 46.79%,同比上升 4.09 个百分点。1 月份,中国国内食糖价格继续下跌且跌幅加大。国内糖价下跌的原因主要是:忧虑国际食糖市场供应过剩压力,国内食糖市场氛围悲观,资金打压食糖价格;食糖季产年销特点,季节性市场供应充足;食糖经销企业以及用糖企业多采用低库存甚至零库存、即用即买策略。鉴于此,将 2017/2018 年度中国食糖价格区间上、下限每吨均调减 300 元,为 6 100~6 500 元/吨。黑龙江甜菜糖生产已经结束,新疆和内蒙古糖厂陆续收榨,甜菜糖生产进入尾声。1 月份,广西产区出现了寒潮、低温雨雪冰冻天气,甘蔗砍运、压榨受到影响,甘蔗出糖率下降;云南部分蔗区出现大面积降雨天气,甘蔗砍运和食糖生产受到一定影响。广西和云南产区不利天气对最终产糖量的影响,将继续关注,本月对中国食糖产销预测数据暂不作调整。国际食糖市场方面,随着北半球食糖生产的顺利推进,国际主要机构对 2017/2018 年度世界食糖供给过剩的基本判断没有改变。本月对 2017/2018 年度国际食糖价格区间暂不作调整(表 2)。

表 2 中国食糖供需平衡表(2018 年 2 月)

年度	2015/2016	2016/2017 (2 月估计)	2017/2018 (1 月预测)	2017/2018 (2 月预测)
糖料播种面积(万公顷)	142.3	139.6	145.6	145.6
甘蔗	129.5	122.5	126.7	126.7
甜菜	12.8	17.1	18.9	18.9

（续）

年度	2015/2016	2016/2017（2 月估计）	2017/2018（1 月预测）	2017/2018（2 月预测）
糖料收获面积（万公顷）	142.3	139.6	145.6	145.6
甘蔗	129.5	122.5	126.7	126.7
甜菜	12.8	17.1	18.9	18.9
糖料单产（吨/公顷）	57.08	58.50	56.25	56.25
甘蔗	60.30	61.80	60.00	60.00
甜菜	53.85	55.20	52.50	52.50
食糖产量（万吨）	870	929	1 035	1 035
甘蔗糖	785	824	915	915
甜菜糖	85	105	120	120
食糖进口量（万吨）	373	229	320	320
食糖消费量（万吨）	1 520	1 526	1 500	1 500
食糖出口量（万吨）	15	12	7	7
结余变化（万吨）	−292	−380	−152	−152
国际食糖价格（美分/磅）	16.52	17.39	14～17	14～17
国内食糖价格（元/吨）	5 457	6 570	6 400～6 800	6 100～6 500

注：食糖市场年度为当年 10 月至下年 9 月。

三、2018 年 4 月

2017/2018 年度中国食糖生产进入尾声，甜菜糖厂已全部收榨，甘蔗糖厂除云南省，其他省（自治区）大部分糖厂已收榨。据中国糖业协会统计，截至 3 月底，2017/2018 年度全国已累计产糖 954 万吨，比上年度同期增加 92 万吨，增幅 10.6%；累计销糖 394 万吨，比上年度同期增加 22 万吨，增幅 5.8%；累计销糖率 41.3%，比上年度同期放缓 1.9 个百分点。3 月份，甜菜种植工作陆续展开。内蒙古甜菜糖厂开始给农户发放种子，新疆农户开始进行前期种植准备。云南缺乏有效降雨，有干旱迹象，后续关注对甘蔗种植及出苗影响。本月预测，2017/2018 年度中国食糖产量 1 025 万吨，比上月预测调低了 5 万吨，主要是由于广西甘蔗出糖率下降，甘蔗产量下调。食糖产量下调扩大了产需缺口，但是，近期国际糖价创出两年半新低，忧虑国际市场压力传导，市场信心不足。后期，需密切关注国际糖价的走势及其对国内糖价的影响；同时，要进一步关注相关政策等因素的影响。本月对食糖价格等指标暂不作调整（表 3）。

表 3　中国食糖供需平衡表（2018 年 4 月）

年度	2015/2016	2016/2017 （4 月估计）	2017/2018 （3 月预测）	2017/2018 （4 月预测）
糖料播种面积（万公顷）	142.3	139.6	145.6	145.6
甘蔗	129.5	122.5	126.7	126.7
甜菜	12.8	17.1	18.9	18.9
糖料收获面积（万公顷）	142.3	139.6	145.6	145.6
甘蔗	129.5	122.5	126.7	126.7
甜菜	12.8	17.1	18.9	18.9
糖料单产（吨/公顷）	57.08	58.50	56.25	56.25
甘蔗	60.30	61.80	60.00	60.00
甜菜	53.85	55.20	52.50	52.50
食糖产量（万吨）	870	929	1 030	1 025
甘蔗糖	785	842	915	910
甜菜糖	85	105	115	115
食糖进口量（万吨）	373	229	320	320

（续）

年度	2015/2016	2016/2017 （4 月估计）	2017/2018 （3 月预测）	2017/2018 （4 月预测）
食糖消费量（万吨）	1 520	1 490	1 500	1 500
食糖出口量（万吨）	15	12	12	12
结余变化（万吨）	−292	−344	−162	−167
国际食糖价格（美分/磅）	16.52	17.39	13～16	13～16
国内食糖价格（元/吨）	5 457	6 570	6 100～6 500	6 100～6 500

注：食糖市场年度为当年 10 月至下年 9 月。

四、2018 年 6 月

2017/2018 年度中国食糖生产已经结束。据中国糖业协会统计，截至 5 月底，2017/2018 年度全国已累计产糖 1 030.63 万吨，比上年度同期增加 101.85 万吨，增幅 11.0%。受国际食糖市场压力传导，中国糖价连续走低。据国家统计局数据估算，截至 4 月末，规模以上食品工业用糖量保持增长。当前，一需关注进入传统消费旺季的中国食糖市场是否有利于糖价止跌回升；二需密切关注国际糖价的走势及其影响；三需进一步关注相关政策等因素的影响。本月对中国糖价的估计暂不作调整。当前，内蒙古甜菜机械直播种植已经结束，纸筒育苗移栽已经开始。新疆甜菜种植主要进入中耕田间作业阶段，以做好病虫害的预防为主。广西5 月上中旬局部高温少雨，部分地区蔗苗受旱生长缓慢，株高略低于去年同期水平。云南多地缺乏有效降雨，甘蔗种植面积增长有限。5 月份，持续下跌的国际糖价有所企稳，6 月以来波动加剧。市场多家机构上调 2017/2018 年度全球食糖产需过剩规模，并预计 2018/2019 年度保持过剩。国家气象中心及广西气象局的最新报告反映，印度北方邦等主产区自 5 月份以来大部气温明显偏高，降水持续偏少，不利甘蔗分蘖、生长。后市国际糖价难以乐观但也存在变数。对 2018/2019 年度的各项指标，本月暂不作调整（表 4）。

表 4　中国食糖供需平衡表（2018 年 6 月）

年度	2016/2017	2017/2018 （6 月估计）	2018/2019 （5 月预测）	2018/2019 （6 月预测）
糖料播种面积（万公顷）	139.6	145.6	151.7	151.7
甘蔗	122.5	126.7	128.3	128.3
甜菜	17.1	18.9	23.4	23.4
糖料收获面积（万公顷）	139.6	145.6	151.7	151.7
甘蔗	122.5	126.7	128.3	128.3
甜菜	17.1	18.9	23.4	23.4
糖料单产（吨/公顷）	58.50	56.25	56.25	56.25
甘蔗	61.80	60.00	60.00	60.00
甜菜	55.20	52.50	52.50	52.50
食糖产量（万吨）	929	1 031	1 068	1 068
甘蔗糖	824	916	925	925
甜菜糖	105	115	143	143
食糖进口量（万吨）	229	320	320	320
食糖消费量（万吨）	1 490	1 500	1 520	1 520
食糖出口量（万吨）	12	12	15	15
结余变化（万吨）	−344	−161	−147	−147
国际食糖价格（美分/磅）	17.39	12～15	11～14	11～14
国内食糖价格（元/吨）	6 570	5 800～6 200	5 600～6 100	5 600～6 100

注：食糖市场年度为当年 10 月至下年 9 月。

五、2018 年 8 月

截至 2018 年 7 月底，2017/2018 年度全国累计销糖 760.97 万吨，比上年同期增加 96 万吨；累计销糖率 73.81%，比上年同期加快 2.19 个百分点。本月估计，2017/2018 年度国内食糖均价每吨 5 600～5 800 元，上限比上月估计每吨调低 200 元。主要原因是受国际食糖市场压力传导，国内食糖市场虽处于夏季消费旺季，但消费仍持续低迷，糖价下行压力较大。7 月份，内蒙古甜菜生产进入中耕田间作业及病虫草害的预防阶段，播种面积将增加近 80 万亩，计划开机生产的糖厂将增加到 15 家。广西温高光足，适合甘蔗生长，但食糖价格下滑造成少数糖厂无望完成蔗款兑付，部分糖农信心不足。云南蔗区气候呈现局部降雨、局部干旱的特点，并伴有小范围的病虫害，甘蔗长势与上年同期相比总体较差（表 5）。

表 5　中国食糖供需平衡表（2018 年 8 月）

年度	2016/2017	2017/2018 （8 月估计）	2018/2019 （7 月预测）	2018/2019 （8 月预测）
糖料播种面积（万公顷）	139.6	145.6	151.7	151.7
甘蔗	122.5	126.7	128.3	128.3
甜菜	17.1	18.9	23.4	23.4
糖料收获面积（万公顷）	139.6	145.6	151.7	151.7
甘蔗	122.5	126.7	128.3	128.3
甜菜	17.1	18.9	23.4	23.4
糖料单产（吨/公顷）	58.50	56.25	56.25	56.25

（续）

年度	2016/2017	2017/2018 (8 月估计)	2018/2019 (7 月预测)	2018/2019 (8 月预测)
甘蔗	61.80	60.00	60.00	60.00
甜菜	55.20	52.50	52.50	52.50
食糖产量（万吨）	929	1 031	1 068	1 068
甘蔗糖	824	916	925	925
甜菜糖	105	115	143	143
食糖进口量（万吨）	229	320	320	320
食糖消费量（万吨）	1 490	1 500	1 520	1 520
食糖出口量（万吨）	12	16	15	15
结余变化（万吨）	−344	−165	−147	−147
国际食糖价格（美分/磅）	17.39	12～15	11～14	11～14
国内食糖价格（元/吨）	6 570	5 600～5 800	5 600～6 100	5 600～6 100

注：食糖市场年度为当年 10 月至下年 9 月。

六、2018 年 10 月

2017/2018 年度中国食糖产销已经结束，食糖价格结束了连续三个年度的上涨，年度均价为每吨 5 648 元，在预测范围内，比上年度每吨跌了 921 元，跌幅为 14.0%；国际食糖价格结束了连续两个年度的上涨，年度均价为每磅 12.7 美分，在预测范围内，比上年度每磅跌了 4.7 美分，跌幅为 27.1%。2018/2019 年度中国食糖产销已经开始。内蒙古和新疆等甜菜糖产区已经陆续开机生产，雨水偏多，糖分及出糖率偏低，对产糖量有不利影响。广西受台风"山竹"影响，部分产区糖料蔗发生严重倒伏灾情，对崇左等主产区影响有限，长势良好，目前预计全区糖料蔗入榨量与上年度相比有望持平。云南受益于科技投入增加，糖企和糖农加强了糖料生产管理，有利于稳定甘蔗单产。本月将中国食糖均价区间调整为每吨 5 200～5 700 元，上限、下限每吨均比上月调低了 400 元，调整依据主要是食糖保障措施趋于下降，国际食糖市场供给过剩压力将继续拖累中国食糖市场。由于本年度食糖生产刚刚开始，未来天气存在变数，因此，本月对 2018/2019 年度食糖产量等指标暂不调整（表 6）。

表 6　中国食糖供需平衡表（2018 年 10 月）

年度	2016/2017	2017/2018 （10 月估计）	2018/2019 （9 月预测）	2018/2019 （10 月预测）
糖料播种面积（万公顷）	139.6	145.6	151.7	151.7
甘蔗	122.5	126.7	128.3	128.3
甜菜	17.1	18.9	23.4	23.4
糖料收获面积（万公顷）	139.6	145.6	151.7	151.7
甘蔗	122.5	126.7	128.3	128.3
甜菜	17.1	18.9	23.4	23.4
糖料单产（吨/公顷）	58.50	56.25	56.25	56.25
甘蔗	61.80	60.00	60.00	60.00
甜菜	55.20	52.50	52.50	52.50
食糖产量（万吨）	929	1 031	1 068	1 068
甘蔗糖	824	916	925	925
甜菜糖	105	115	143	143
食糖进口量（万吨）	229	260	290	290
食糖消费量（万吨）	1 490	1 500	1 520	1 520
食糖出口量（万吨）	12	19	15	15

（续）

年度	2016/2017	2017/2018 （10 月估计）	2018/2019 （9 月预测）	2018/2019 （10 月预测）
结余变化（万吨）	−344	−228	−177	−177
国际食糖价格（美分/磅）	17.39	12.68	11～14	11～14
国内食糖价格（元/吨）	6 570	5 648	5 600～6 100	5 200～5 700

注：食糖市场年度为当年 10 月至下年 9 月。

七、2018 年 12 月

2018/2019 年度中国食糖产销已陆续展开。截至 2018 年 11 月底，全国开工生产的糖厂共有 51 家，比上年度同期多开工 10 家；全国共生产食糖 72.68 万吨，比上年度同期增加 5.54 万吨，增幅 8.3%；全国累计销售食糖 32.12 万吨，比上年度同期增加 1.9 万吨，增幅 6.3%。截至 11 月底，内蒙古甜菜收获工作进入尾声，有 12 家糖厂开榨；新疆甜菜已全部收获，糖厂全部开榨。广西有 19 家糖厂开榨，受连续冷空气影响，大部分糖厂开榨时间延至 12 月份；云南蔗区气候基本正常，有 1 家糖厂提前开榨。与上月相比，11 月中国糖价持平略跌，国际糖价稳中有跌。进入 12 月，全国食糖产销将全面展开，其中，甜菜糖生产进入高峰。11 月份的不利天气，广西甘蔗出糖率和内蒙古甜菜出糖率均有所下降。预计未来天气对全国食糖生产尤其是甘蔗糖生产有很大影响，后期将继续关注。本月对预测数据暂不调整（表 7）。

表7 中国食糖供需平衡表（2018年12月）

年度	2016/2017	2017/2018 (12月估计)	2018/2019 (11月预测)	2018/2019 (12月预测)
糖料播种面积（万公顷）	139.6	137.6	147.7	147.7
甘蔗	122.5	120.1	124.3	124.3
甜菜	17.1	17.5	23.4	23.4
糖料收获面积（万公顷）	139.6	137.6	147.7	147.7
甘蔗	122.5	120.1	124.3	124.3
甜菜	17.1	17.5	23.4	23.4
糖料单产（吨/公顷）	58.50	60.98	57.75	57.75
甘蔗	61.80	66.75	63.00	63.00
甜菜	55.20	55.20	52.50	52.50
食糖产量（万吨）	929	1 031	1 068	1 068
甘蔗糖	824	916	925	925
甜菜糖	105	115	143	143
食糖进口量（万吨）	229	243	290	290
食糖消费量（万吨）	1 490	1 510	1 520	1 520
食糖出口量（万吨）	12	18	15	15
结余变化（万吨）	-344	-254	-177	-177
国际食糖价格（美分/磅）	17.39	12.68	11~14	11~14
国内食糖价格（元/吨）	6 570	5 648	5 200~5 700	5 200~5 700

注：食糖市场年度为当年10月至下年9月。

2019 年中国食糖供需形势分析

一、2019 年 2 月

本月对预测数据暂不调整。1 月中下旬，国内糖价有所回升，主要是市场信心有所恢复，但由于处于食糖生产高峰，春节过后国内糖市季节性供大于求，对糖价的继续回升不利。当前，北方甜菜糖生产已临近尾声。受不利天气等因素影响，内蒙古产区的甜菜出糖率下降，甜菜糖产量有下调的可能。南方甘蔗糖厂处于生产旺季。截至 1 月 15 日，广西 85 家糖厂全部开榨，但阴雨寡照天气影响了食糖生产；截至 1 月末，云南开榨糖厂累计 42 家，占总产能的八成以上（表 1）。

表 1 中国食糖供需平衡表（2019 年 2 月）

年度	2016/2017	2017/2018 （2 月估计）	2018/2019 （1 月预测）	2018/2019 （2 月预测）
糖料播种面积（万公顷）	139.6	137.6	147.7	147.7
甘蔗	122.5	120.1	124.3	124.3
甜菜	17.1	17.5	23.4	23.4
糖料收获面积（万公顷）	139.6	137.6	147.7	147.7

（续）

年度	2016/2017	2017/2018 （2月估计）	2018/2019 （1月预测）	2018/2019 （2月预测）
甘蔗	122.5	120.1	124.3	124.3
甜菜	17.1	17.5	23.4	23.4
糖料单产（吨/公顷）	58.50	60.98	57.75	57.75
甘蔗	61.80	66.75	63.00	63.00
甜菜	55.20	55.20	52.50	52.50
食糖产量（万吨）	929	1 031	1 068	1 068
甘蔗糖	824	916	925	925
甜菜糖	105	115	143	143
食糖进口量（万吨）	229	243	290	290
食糖消费量（万吨）	1 490	1 510	1 520	1 520
食糖出口量（万吨）	12	18	15	15
结余变化（万吨）	−344	−254	−177	−177
国际食糖价格（美分/磅）	17.39	12.68	11～14	11～14
国内食糖价格（元/吨）	6 570	5 648	5 200～5 700	5 200～5 700

注：食糖市场年度为当年10月至下年9月。

二、2019 年 4 月

本月对 2018/2019 年度中国食糖供需平衡表的消费、贸易、价格数据未作调整，下调甜菜糖产量 3 万吨，上调甘蔗糖产量 3 万吨，食糖总产量不作调整。下调甜菜糖产量主要是由于内蒙古甜菜产区后期降雨偏多，褐斑病、根腐病发生较往年偏重，影响了甜菜糖分的积累，产糖率低于预期。上调甘蔗糖产量的原因主要是广西甘蔗单产提升，带来入榨量增加，减少了因不利天气导致产糖率下降的影响，同时，云南产糖率保持较高水平，均有利于甘蔗糖产量增加。目前，广西糖厂收榨陆续加快，云南已经迎来收榨季。另据中国糖业协会统计，截至 2019 年 3 月底，全国累计产糖 990 万吨，比上年度同期增加 36 万吨，增幅 3.8%；累计销糖 489 万吨，比上年度同期增加 95 万吨，增幅 2.4%；累计销糖率 49.4%，同比提高 8.1 个百分点（表 2）。

表 2　中国食糖供需平衡表（2019 年 4 月）

年度	2016/2017	2017/2018 （4 月估计）	2018/2019 （3 月预测）	2018/2019 （4 月预测）
糖料播种面积（万公顷）	139.6	137.6	147.7	147.7
甘蔗	122.5	120.1	124.3	124.3
甜菜	17.1	17.5	23.4	23.4
糖料收获面积（万公顷）	139.6	137.6	147.7	147.7
甘蔗	122.5	120.1	124.3	124.3
甜菜	17.1	17.5	23.4	23.4
糖料单产（吨/公顷）	58.50	60.98	57.75	57.75
甘蔗	61.80	66.75	63.00	63.00
甜菜	55.20	55.20	52.50	52.50
食糖产量（万吨）	929	1 031	1 060	1 060
甘蔗糖	824	916	925	928
甜菜糖	105	115	135	132
食糖进口量（万吨）	229	243	290	290
食糖消费量（万吨）	1 490	1 510	1 520	1 520
食糖出口量（万吨）	12	18	15	15
结余变化（万吨）	−344	−254	−185	−185
国际食糖价格（美分/磅）	17.39	12.68	11～14	11～14
国内食糖价格（元/吨）	6 570	5 648	5 200～5 700	5 200～5 700

注：食糖市场年度为当年 10 月至下年 9 月。

三、2019 年 6 月

2018/2019 年度中国食糖生产已经结束。据中国糖业协会统计，截至 5 月底，2018/2019 年度全国累计产糖 1 076 万吨，比上年度同期增加 45 万吨，增幅 4.4%；累计销售食糖 667 万吨，销糖率 62%，同比增加 6.2 个百分点。当前，内蒙古甜菜种植已经结束，苗情正常。新疆甜菜进入中耕田间作业阶段，以做好病虫害预防为主。广西春季以来雨水比较充足，有利天气促进了甘蔗出苗，出苗情况良好。云南入春以来的持续干旱严重影响甘蔗种植及生长，新植蔗出苗困难和出苗少，新植蔗和宿根蔗的株高均偏矮。5 月份国际糖价大幅下跌，主要是受油价暴跌、大宗商品市场疲势、巴西雷亚尔下跌等因素的影响。6 月以来糖价有所回升。受庞大的国际库存压力影响，后市国际糖价难以乐观但也存在变数。对 2019/2020 年度的各项指标，本月暂不作调整（表 3）。

表 3 中国食糖供需平衡表（2019 年 6 月）

年度	2017/2018	2018/2019 （6 月估计）	2019/2020 （5 月预测）	2019/2020 （6 月预测）
糖料播种面积（万公顷）	137.6	147.7	148.2	148.2
甘蔗	120.1	124.3	124.3	124.3
甜菜	17.5	23.4	23.9	23.9
糖料收获面积（万公顷）	137.6	147.7	148.2	148.2
甘蔗	120.1	124.3	124.3	124.3
甜菜	17.5	23.4	23.9	23.9

（续）

年度	2017/2018	2018/2019 （6 月估计）	2019/2020 （5 月预测）	2019/2020 （6 月预测）
糖料单产（吨/公顷）	60.98	57.75	59.25	59.25
甘蔗	66.75	63.00	64.50	64.50
甜菜	55.20	52.50	54.00	54.00
食糖产量（万吨）	1 031	1 076	1 088	1 088
甘蔗糖	916	944	949	949
甜菜糖	115	132	139	139
食糖进口量（万吨）	243	290	304	304
食糖消费量（万吨）	1 510	1 520	1 520	1 520
食糖出口量（万吨）	18	15	18	18
结余变化（万吨）	－254	－169	－146	－146
国际食糖价格（美分/磅）	12.68	11～14	12～15	12～15
国内食糖价格（元/吨）	5 648	5 200～5 700	5 300～5 800	5 300～5 800

　　注：食糖市场年度为当年 10 月至下年 9 月。

四、2019 年 8 月

　　目前，中国食糖市场进入消费旺季。据中国糖业协会统计，截至 7 月底，2018/2019 年度全国累计销售食糖 856.6 万吨，销糖率 79.6%，同比增加 5.8 个百分点。据中国海关统计，上半年中国累计进口食糖 106.9 万吨，同比下降 22.5%；累计出口食糖 8.1 万吨，同比下降 6.1%。鉴于 2018/2019 年度以来食糖均价水平以及对本年度后期国内外食糖市场的基本判断，本月将 2018/2019 年度食糖估价区间，调整为 5 200～5 400 元/吨。云南目前降雨偏多，导致部分甘蔗倒伏，同时病虫害有所增加。广西7月仍持续光照不足，甘蔗的光合作用受抑制，从而影响甘蔗拔节伸长，部分地区甘蔗株高同比偏矮。甜菜产区生长情况总体正常。后期将继续关注天气及病虫害对糖料生长的影响。本月对2019/2020年度的预测数据暂不调整（表4）。

表4　中国食糖供需平衡表（2019年8月）

年度	2017/2018	2018/2019（8月估计）	2019/2020（7月预测）	2019/2020（8月预测）
糖料播种面积（万公顷）	137.6	147.7	148.2	148.2
甘蔗	120.1	124.3	124.3	124.3
甜菜	17.5	23.4	23.9	23.9
糖料收获面积（万公顷）	137.6	147.7	148.2	148.2
甘蔗	120.1	124.3	124.3	124.3
甜菜	17.5	23.4	23.9	23.9
糖料单产（吨/公顷）	60.98	57.75	59.25	59.25
甘蔗	66.75	63.00	64.50	64.50
甜菜	55.20	52.50	54.00	54.00
食糖产量（万吨）	1 031	1 076	1 088	1 088
甘蔗糖	916	944	949	949
甜菜糖	115	132	139	139
食糖进口量（万吨）	243	290	304	304
食糖消费量（万吨）	1 510	1 520	1 520	1 520
食糖出口量（万吨）	18	15	18	18
结余变化（万吨）	−254	−169	−146	−146
国际食糖价格（美分/磅）	12.68	11~14	12~15	12~15
国内食糖价格（元/吨）	5 648	5 200~5 400	5 300~5 800	5 300~5 800

注：食糖市场年度为当年10月至下年9月。

五、2019 年 10 月

　　2018/2019 年度中国食糖产销已经结束，食糖价格连续两个年度下跌，年度均价为每吨 5 253 元，在预测范围内，比上年度每吨跌了 395 元，跌幅为 7.0%；国际食糖价格也连续两个年度下跌，年度均价为每磅 12.4 美分，在预测范围内，比上年度每磅跌了 0.3 美分，跌幅为 2.5%。2019/2020 年度中国食糖产销开始，新疆和内蒙古等甜菜糖产区已经陆续开机生产，甜菜糖生产基本正常。由于甘蔗种植与生长期间，广西和云南主产区分别遭受了虫害、干旱等不利影响，预计 2019/2020 年度中国甘蔗糖产量稳中有降，但本年度食糖生产刚刚开始，其影响程度仍需密切观察。本月对 2019/2020 年度中国食糖预测数据暂不调整（表 5）。

表 5　中国食糖供需平衡表（2019 年 10 月）

年度	2017/2018	2018/2019（10 月估计）	2019/2020（9 月预测）	2019/2020（10 月预测）
糖料播种面积（万公顷）	137.6	147.7	148.2	148.2
甘蔗	120.1	124.3	124.3	124.3
甜菜	17.5	23.4	23.9	23.9
糖料收获面积（万公顷）	137.6	147.7	148.2	148.2
甘蔗	120.1	124.3	124.3	124.3
甜菜	17.5	23.4	23.9	23.9
糖料单产（吨/公顷）	60.98	57.75	59.25	59.25
甘蔗	66.75	63.00	64.50	64.50

(续)

年度	2017/2018	2018/2019 (10月估计)	2019/2020 (9月预测)	2019/2020 (10月预测)
甜菜	55.20	52.50	54.00	54.00
食糖产量（万吨）	1 031	1 076	1 088	1 088
甘蔗糖	916	944	949	949
甜菜糖	115	132	139	139
食糖进口量（万吨）	243	290	304	304
食糖消费量（万吨）	1 510	1 520	1 520	1 520
食糖出口量（万吨）	18	18	18	18
结余变化（万吨）	−254	−172	−146	−146
国际食糖价格（美分/磅）	12.68	12.36	12～15	12～15
国内食糖价格（元/吨）	5 648	5 253	5 300～5 800	5 300～5 800

注：食糖市场年度为当年10月至下年9月。

六、2019 年 12 月

据中国糖业协会统计，截至 11 月底，2019/2020 年度食糖产销进一步展开，北方甜菜糖厂已有 3 家收榨，南方甘蔗糖厂陆续开机生产，全国开工生产的糖厂共有 86 家，比上年度同期多开工 35 家；累计生产食糖 127 万吨，比上年度同期增加 55 万吨，增幅 75.1%；累计销售食糖 57 万吨，比上年度同期增加 25 万吨，增幅 77%。截至目前，甜菜糖生产基本正常，其中内蒙古甜菜出糖率比上年同期有所提升，而新疆甜菜出糖率略有下降；甘蔗糖生产进度有所提前，广西和广东甘蔗出糖率比上年同期均有所提升。近日广西等部分产区的霜冻及云南前期的干旱，对甘蔗产量及糖分积累均造成一定的不利影响。进入 12 月，全国食糖产销将全面展开，其中，甜菜糖生产进入后期，甘蔗糖生产渐入高峰。预计后期低温冷害天气仍有出现的可能，需继续关注天气对食糖生产特别是甘蔗糖生产的影响，本月对预测数据暂不调整（表 6）。

表 6　中国食糖供需平衡表（2019 年 12 月）

年度	2017/2018	2018/2019（12 月估计）	2019/2020（11 月预测）	2019/2020（12 月预测）
糖料播种面积（万公顷）	137.6	144.1	142.3	142.3
甘蔗	120.1	120.6	119.1	119.1
甜菜	17.5	23.5	23.2	23.2
糖料收获面积（万公顷）	137.6	144.1	142.3	142.3
甘蔗	120.1	120.6	119.1	119.1
甜菜	17.5	23.5	23.2	23.2
糖料单产（吨/公顷）	60.98	62.03	58.28	58.28
甘蔗	66.75	69.60	64.50	64.50
甜菜	55.20	54.45	52.05	52.05
食糖产量（万吨）	1 031	1 076	1 062	1 062
甘蔗糖	916	944	923	923
甜菜糖	115	132	139	139
食糖进口量（万吨）	243	324	304	304
食糖消费量（万吨）	1 510	1 520	1 520	1 520
食糖出口量（万吨）	18	19	18	18
结余变化（万吨）	−254	−139	−172	−172
国际食糖价格（美分/磅）	12.68	12.36	12～15	12～15
国内食糖价格（元/吨）	5 648	5 253	5 400～5 900	5 300～5 800

注：食糖市场年度为当年 10 月至下年 9 月。

2020 年中国食糖供需形势分析

一、2020 年 2 月

1 月份中国国内糖价持平略涨，主要是受国内减产预期及国际糖价上涨的影响。当前，北方甜菜糖生产已全部结束，较上榨季提前约一个半月；南方甘蔗糖生产全面展开，其中，云南糖厂全部开榨，广西已有 2 家糖厂收榨。当下新型冠状病毒肺炎疫情，对甘蔗砍、运、榨造成一定影响，广西和云南食糖生产有所延误，同时，食糖消费受到拖累。需继续跟踪天气和新型冠状病毒肺炎疫情对食糖生产及消费的影响。本月对预测数据暂不调整（表 1）。

表 1 中国食糖供需平衡表（2020 年 2 月）

年度	2017/2018	2018/2019 （2 月估计）	2019/2020 （1 月预测）	2019/2020 （2 月预测）
糖料播种面积（万公顷）	137.6	144.1	142.3	142.3
甘蔗	120.1	120.6	119.1	119.1
甜菜	17.5	23.5	23.2	23.2
糖料收获面积（万公顷）	137.6	144.1	142.3	142.3

（续）

年度	2017/2018	2018/2019（2 月估计）	2019/2020（1 月预测）	2019/2020（2 月预测）
甘蔗	120.1	120.6	119.1	119.1
甜菜	17.5	23.5	23.2	23.2
糖料单产（吨/公顷）	60.98	62.03	58.28	58.28
甘蔗	66.75	69.60	64.50	64.50
甜菜	55.20	54.45	52.05	52.05
食糖产量（万吨）	1 031	1 076	1 062	1 062
甘蔗糖	916	944	923	923
甜菜糖	115	132	139	139
食糖进口量（万吨）	243	324	304	304
食糖消费量（万吨）	1 510	1 520	1 520	1 520
食糖出口量（万吨）	18	19	18	18
结余变化（万吨）	−254	−139	−172	−172
国际食糖价格（美分/磅）	12.68	12.36	12～15	12～15
国内食糖价格（元/吨）	5 648	5 253	5 300～5 800	5 300～5 800

注：食糖市场年度为当年 10 月至下年 9 月。

二、2020 年 5 月

本月估计，2019/2020 年度国内食糖产量 1 030 万吨，比上月下调 10 万吨。受新型冠状病毒肺炎疫情的影响，消费量比上月下调 40 万吨为 1 480 万吨。本月预测，2020/2021 年度，中国糖料种植面积 145.3 万公顷，比 2019/2020 年度增加 3 万公顷，增幅 2.1%，主要是内蒙古自治区甜菜面积增加。食糖产量 1 050 万吨，比上年度增加 20 万吨，增幅 1.9%；食糖消费量 1 520 万

吨，比上年度增加 40 万吨，增幅 2.7％。食糖产需缺口依然较
大，预计 2020/2021 年度食糖进口量 350 万吨，比上年度增加
46 万吨。2020/2021 年度国际食糖均价每磅 10～13 美分，均值
每磅比上年度下调 2 美分，国内食糖均价每吨 5 200～5 700 元，
均值每吨比上年度下调 100 元（表 2）。

表 2　中国食糖供需平衡表（2020 年 5 月）

年度	2018/2019	2019/2020 （4 月估计）	2019/2020 （5 月估计）	2020/2021 （5 月预测）
糖料播种面积（万公顷）	144.1	NA	142.3	145.3
甘蔗	120.6	NA	119.1	119.1
甜菜	23.5	NA	23.2	26.2
糖料收获面积（万公顷）	144.1	NA	142.3	145.3
甘蔗	120.6	NA	119.1	119.1
甜菜	23.5	NA	23.2	26.2
糖料单产（吨/公顷）	62.03	NA	56.63	58.28
甘蔗	69.60	NA	61.20	64.50
甜菜	54.45	NA	52.05	52.05
食糖产量（万吨）	1 076	NA	1 030	1 050
甘蔗糖	944	NA	891	896
甜菜糖	132	NA	139	154
食糖进口量（万吨）	324	NA	304	350
食糖消费量（万吨）	1 520	NA	1 480	1 520
食糖出口量（万吨）	19	NA	18	18
结余变化（万吨）	−140	NA	−164	−138
国际食糖价格（美分/磅）	12.36	NA	12～15	10～13
国内食糖价格（元/吨）	5 253	NA	5 300～5 800	5 200～5 700

　　注：食糖市场年度为当年 10 月至下年 9 月。

三、2020 年 8 月

截至 7 月底，全国累计销售食糖 796 万吨，同比减 61 万吨。7 月当月销售食糖 86 万吨，环比增 8 万吨，同比减 9 万吨，降幅收窄，食糖消费趋于正常。食糖保障措施于 5 月 21 日到期，随后的 6 月当月全国食糖进口 41.4 万吨，环比增 39.1%。自 7 月 1 日起，关税配额外食糖实施进口报告管理，对食糖进口有较大影响，后期将继续关注。广西南部蔗区 6—7 月份干旱，对甘蔗生长造成了一定影响。8 月初台风"森拉克"带来明显降雨，广西南部蔗区旱情得到缓解。目前甘蔗已进入拔节生长期，是决定甘蔗产量的重要时期，对极端天气敏感。后期需关注气象条件对甘蔗生产的影响。本月对 2020/2021 年度预测数据暂不调整（表 3）。

表 3　中国食糖供需平衡表（2020 年 8 月）

年度	2018/2019	2019/2020 （8 月估计）	2020/2021 （7 月预测）	2020/2021 （8 月预测）
糖料播种面积（万公顷）	144.1	142.3	145.3	145.3
甘蔗	120.6	119.1	119.1	119.1
甜菜	23.5	23.2	26.2	26.2
糖料收获面积（万公顷）	144.1	142.3	145.3	145.3
甘蔗	120.6	119.1	119.1	119.1
甜菜	23.5	23.2	26.2	26.2
糖料单产（吨/公顷）	62.03	56.63	58.28	58.28
甘蔗	69.60	61.20	64.50	64.50

（续）

年度	2018/2019	2019/2020 （8月估计）	2020/2021 （7月预测）	2020/2021 （8月预测）
甜菜	54.45	52.05	52.05	52.05
食糖产量（万吨）	1 076	1 042	1 050	1 050
甘蔗糖	944	902	896	896
甜菜糖	132	139	154	154
食糖进口量（万吨）	324	304	350	350
食糖消费量（万吨）	1 520	1 480	1 520	1 520
食糖出口量（万吨）	19	18	18	18
结余变化（万吨）	−140	−152	−138	−138
国际食糖价格（美分/磅）	12.36	12～15	10～13	10～13
国内食糖价格（元/吨）	5 253	5 300～5 800	5 200～5 700	5 200～5 700

注：食糖市场年度为当年10月至下年9月。

四、2020 年 12 月

据中国糖业协会统计，截至 11 月底，北方甜菜糖厂已有 2 家收榨，本年度已累计产糖 111.32 万吨，比上年同期减少 15.94 万吨，其中，甘蔗糖减少 15.95 万吨，甜菜糖生产基本正常。近期大部蔗区降雨偏多、昼夜温差较小，不利于甘蔗糖分积累和转化，后期需关注天气对产糖量的影响。当前，正值传统食糖消费淡季，食糖销售放缓，而新糖供应不断增加、糖浆进口居高不下、食糖进口保持高位，国内食糖供给充足。本月将食糖进口量调至 390 万吨，较上月增加 40 万吨。同时，将国际食糖价格区间调整为 12～15 美分/磅，上、下限均上调 2 美分/磅。主要依据是受不利天气影响，泰国、欧盟地区和俄罗斯等食糖主产国家（地区）的食糖产量预期下调；新型冠状病毒疫苗将陆续上市的消息利于食糖消费的稳定；能源价格企稳、美元走弱为市场提供支撑（表 4）。

表 4　中国食糖供需平衡表（2020 年 12 月）

年度	2018/2019	2019/2020 （12 月估计）	2020/2021 （11 月预测）	2020/2021 （12 月预测）
糖料播种面积（万公顷）	144.1	138.0	145.3	145.3
甘蔗	120.6	116.5	119.1	119.1
甜菜	23.5	21.5	26.2	26.2
糖料收获面积（万公顷）	144.1	138.0	145.3	145.3
甘蔗	120.6	116.5	119.1	119.1
甜菜	23.5	21.5	26.2	26.2
糖料单产（吨/公顷）	62.03	59.40	58.28	58.28
甘蔗	69.60	62.70	64.50	64.50
甜菜	54.45	56.10	52.05	52.05
食糖产量（万吨）	1 076	1 042	1 050	1 050
甘蔗糖	944	902	896	896
甜菜糖	132	139	154	154
食糖进口量（万吨）	324	376	350	390
食糖消费量（万吨）	1 520	1 500	1 530	1 530
食糖出口量（万吨）	19	18	18	18
结余变化（万吨）	—140	—100	—148	—108
国际食糖价格（美分/磅）	12.36	12.42	10～13	12～15
国内食糖价格（元/吨）	5 253	5 565	5 200～5 700	5 200～5 700

注：食糖市场年度为当年 10 月至下年 9 月。

2021年中国食糖供需形势分析

一、2021年1月

2020/2021年度甘蔗糖厂普遍推迟开榨，食糖进口保持增长、糖浆（蔗糖水溶液）进口大幅增加，全国食糖产销放缓。据中国糖业协会统计，截至2020年12月底，2020/2021年度已累计产糖353.38万吨，比上年同期减少26.32万吨，其中，甘蔗糖减少32.86万吨，甜菜糖增加6.54万吨。累计销糖147.06万吨，比上年同期减少50.75万吨；累计销糖率41.62%，降低10.48个百分点。2020年底以来，广西、云南大部分蔗区连续经历两次寒潮，预计月内冷空气活动频繁，对甘蔗砍收、留种有一定影响；春节备货需求，叠加国际糖价上涨的带动，市场看涨预期升温，食糖市场有所回暖。目前，甜菜糖生产进入后期，黑龙江糖厂已全部收榨，新疆、内蒙古分别有3家、2家糖厂收榨，生产基本正常。除海南，甘蔗糖厂陆续开榨。食糖生产逐步进入旺季，国内食糖供应充足。后期需跟踪天气、食糖及糖浆进口、新型冠状病毒肺炎疫情等因素对食糖市场的影响。本月对2020/2021年度的预测数据暂不作调整（表1）。

260

表 1　中国食糖供需平衡表（2021 年 1 月）

年度	2018/2019	2019/2020（1 月估计）	2020/2021（12 月预测）	2020/2021（1 月预测）
糖料播种面积（万公顷）	144.1	138.0	145.3	145.3
甘蔗	120.6	116.5	119.1	119.1
甜菜	23.5	21.5	26.2	26.2
糖料收获面积（万公顷）	144.1	138.0	145.3	145.3
甘蔗	120.6	116.5	119.1	119.1
甜菜	23.5	21.5	26.2	26.2
糖料单产（吨/公顷）	62.03	59.40	58.28	58.28
甘蔗	69.60	62.70	64.50	64.50
甜菜	54.45	56.10	52.05	52.05
食糖产量（万吨）	1 076	1 042	1 050	1 050
甘蔗糖	944	902	896	896
甜菜糖	132	139	154	154
食糖进口量（万吨）	324	376	390	390
食糖消费量（万吨）	1 520	1 500	1 530	1 530
食糖出口量（万吨）	19	18	18	18
结余变化（万吨）	－140	－100	－108	－108
国际食糖价格（美分/磅）	12.36	12.42	12～15	12～15
国内食糖价格（元/吨）	5 253	5 565	5 200～5 700	5 200～5 700

注：食糖市场年度为当年 10 月至下年 9 月。

二、2021 年 4 月

2020/2021 年度中国食糖生产进入后期。截至 3 月底，除云南大部分糖厂和广西少数糖厂没有收榨，其余产区均已收榨。全国累计产糖 1 012 万吨，比上年同期增加 31 万吨；累计销糖 418 万吨，比上年同期减少 59 万吨；累计销糖率 41.3%，降低 7.3 个百分点。目前，云南瑞丽新型冠状病毒肺炎疫情使部分糖厂收榨时间延迟。预计 4 月份，南方平均气温偏高，广西、云南部分蔗区旱情露头。随着天气转暖，食糖消费旺季到来，有利于消化食糖库存。后期需跟踪新型冠状病毒肺炎疫情、天气和食糖进口等因素对食糖市场的影响。综合判断，本月对 2020/2021 年度的预测数据暂不作调整（表 2）。

表 2　中国食糖供需平衡表（2021 年 4 月）

年度	2018/2019	2019/2020（4 月估计）	2020/2021（3 月预测）	2020/2021（4 月预测）
糖料播种面积（万公顷）	144.1	138.0	145.3	145.3
甘蔗	120.6	116.5	119.1	119.1
甜菜	23.5	21.5	26.2	26.2
糖料收获面积（万公顷）	144.1	138.0	145.3	145.3
甘蔗	120.6	116.5	119.1	119.1
甜菜	23.5	21.5	26.2	26.2
糖料单产（吨/公顷）	62.03	59.40	58.28	58.28
甘蔗	69.60	62.70	64.50	64.50
甜菜	54.45	56.10	52.05	52.05
食糖产量（万吨）	1 076	1 042	1 050	1 050
甘蔗糖	944	902	896	896
甜菜糖	132	139	154	154
食糖进口量（万吨）	324	376	390	390

（续）

年度	2018/2019	2019/2020 （4 月估计）	2020/2021 （3 月预测）	2020/2021 （4 月预测）
食糖消费量（万吨）	1 520	1 500	1 530	1 530
食糖出口量（万吨）	19	18	18	18
结余变化（万吨）	—140	—100	—108	—108
国际食糖价格（美分/磅）	12.36	12.42	13.5～16.5	13.5～16.5
国内食糖价格（元/吨）	5 253	5 565	5 200～5 700	5 200～5 700

注：食糖市场年度为当年 10 月至下年 9 月。

三、2021 年 7 月

　　食糖：本月对 2020/2021 年度估计数和 2021/2022 年度预测数暂不作调整。7 月 2 日云南最后一家糖厂收榨，2020/2021 年度中国制糖生产结束。全国累计产糖 1 067 万吨，比上年度同期增加 25 万吨，增幅 2.4%，符合预期。据中国糖业协会统计，截至 2021 年 6 月底，累计销售食糖 683 万吨，比上年同期减少 26 万吨。据海关统计，截至 2021 年 5 月，2020/2021 年度中国进口食糖 410 万吨，同比增加 228 万吨，增长 1.2 倍；出口食糖 8 万吨，同比减少 4 万吨，减幅 34%。7 月份，甘蔗进入拔节伸长期。据气象部门预测，7 月广西以晴雨相间天气为主，降水过程较多，总体气象条件利于甘蔗伸长。随着暑期到来，传统食糖消费旺季开启，食糖销售将加快。后期将持续关注主产区气象条件变化，关注食糖进出口及国际糖价走势情况。

表3 中国食糖供需平衡表（2021年7月）

年度	2019/2020	2020/2021 （7月估计）	2021/2022 （6月预测）	2021/2022 （7月预测）
糖料播种面积（万公顷）	138.0	145.3	138.8	138.8
甘蔗	116.5	119.1	120.5	120.5
甜菜	21.5	26.2	18.3	183
糖料收获面积（万公顷）	138.0	145.3	138.8	138.8
甘蔗	116.5	119.1	120.5	120.5
甜菜	21.5	26.2	18.3	18.3
糖料单产（吨/公顷）	59.40	58.43	59.85	59.85
甘蔗	62.70	64.35	65.55	65.55
甜菜	56.10	52.50	54.15	54.15
食糖产量（万吨）	1 041	1 067	1 031	1 031
甘蔗糖	902	913	917	917
甜菜糖	139	154	114	114
食糖进口量（万吨）	376	450	450	450
食糖消费量（万吨）	1 500	1 550	1 550	1 550
食糖出口量（万吨）	18	18	18	18
结余变化（万吨）	−100	−51	−87	−87
国际食糖价格（美分/磅）	12.42	13.5～16.5	15.0～18.0	15.0～18.0
国内食糖价格（元/吨）	5 565	5 200～5 700	5 300～5 800	5 300～5 800

注释：食糖市场年度为当年10月至下年9月。

2016年8月中国食糖供需形势解读报告

2016年8月8日发布的《中国食糖供需平衡表》，相对于7月11日所发布的供需平衡情况，适当下调了对2015/2016年度食糖消费量、产需缺口、国内外食糖均价的估计。

一、本年度食糖大幅减产

本年度食糖生产已经结束，2015/2016年度中国食糖产量870万吨，比上年度减少186万吨，减幅为17.6%。

二、本年度食糖消费增长放缓

本月估计，2015/2016年度中国食糖消费量1 520万吨，较上月估计调减10万吨。调减消费增量主要是考虑：一方面，经济增长和人口刚性增长等因素会促进食糖消费；另一方面，食糖价格的总体继续回升、玉米价格下跌会促进食糖替代品的消费；此外，当月制糖企业食糖销售放缓，也证明了食糖消费增长乏力。

三、本年度产需缺口显著扩大

本年度产需缺口虽有所调减，但同比仍显著扩大。中国食糖当季产需缺口同比大幅扩大为 650 万吨，增幅为 43.2%。由于消费量的调减，产需缺口较上月相应调减了 10 万吨。

四、本年度食糖进口量显著下降

鉴于下月本年度的食糖进口量基本明了，对本年度中国食糖进口量的预估暂不作调整。与上月保持一致为 350 万吨，同比减少 131 万吨，减幅达 27.2%。

五、本年度国内外糖价均大幅上涨

下调国内食糖均价上限。2015/2016 年度国内食糖均价区间估计在每吨 5 400～5 600 元，上限值比上月每吨下调 100 元，中间值每吨比上年度高 623 元。主要是基于对 8—9 月两个月糖价的估计。

下调国际食糖均价上限。2015/2016 年度国际食糖均价区间估计在每磅 15～18 美分，上限值比上月每磅下调 1 美分。一方面是考虑印度雨季降水正常，有利于缓解甘蔗前期旱情，巴西近期天气有利于甘蔗砍收压榨；另一方面是基于对 8—9 月两个月国际糖价走势的判断。

六、对 2016/2017 年度的预测与上月保持不变

生产方面：目前，产区天气波动总体正常，因此，对 2016/2017 年度糖料、食糖产量，本月不作调整，预计中国糖料播种面积为 143.3 万公顷，同比基本持平。受益于预计产糖率有所提升，食糖产量同比增加 120 万吨，达 990 万吨。

消费方面：2015/2016 年度临近尾声食糖消费愈加明朗，下月再对 2016/2017 年度中国食糖消费预计量进行调整或更有说服力。基于以上考虑，本月对 2016/2017 年度消费量的预计与上月保持一致，为 1 530 万吨。

进口方面：由于 2015/2016 年度中国食糖进口量下个月就能基本明了，本月对 2016/2017 年度进口量的预计（350 万吨）暂不作调整。

价格走势：综合供需基本面、宏观调控以及 2015/2016 年度即将结束等因素，对 2016/2017 年度均价的预计本月暂不作调整，区间在 5 600～6 400 元/吨，中间值比 2015/2016 年度提高 500 元/吨。

2016 年 10 月中国食糖供需形势解读报告

2016 年 10 月 10 日发布的《中国食糖供需平衡表》，对于上月发布的内容做了一定的调整，调低了 2016/2017 年度食糖消费量的预测值，调高了国内外食糖均价的预测值。

一、2015/2016 年度食糖均价大幅上涨

本月 2015/2016 中国食糖市场年度结束，年度均价大幅上涨，每吨 5 457 元，比上年度每吨涨 579 元，涨幅为 11.9％，远大于上年度 3.8％的涨幅。国际食糖年度均价在四连跌后，迎来了大幅上涨，每磅 16.5 美分，比上年度每磅涨 3.1 美分，涨幅为 22.9％。本月对 2015/2016 年度中国食糖消费量及进口量的估计数暂不作调整。

二、2016/2017 年度食糖生产已开始

2016/2017 年度随着新疆恒丰糖业有限公司 9 月 19 日开始甜菜糖生产，拉开了新年度全国食糖生产序幕。10 月 4 日新疆

计划开榨的 13 家糖厂已全部开工，比上年度提前 6 天。

9 月 26 日，商都冷山糖厂开榨，拉开了新年度内蒙古食糖生产的序幕，同比提前 8 天。截至 10 月 10 日，内蒙古计划开榨的 6 家糖厂已全部开榨。北方甜菜糖生产进展基本正常。

南方甘蔗糖生产预计 11 月左右才陆续展开。目前，局地不利的气象因素对糖料产量所带来的最终影响，还要看后期的天气。因此，对本年度产量的预测数暂不作调整。

新年度糖料收购价情况。新年度新疆甜菜收购价较上年度有所降低，内蒙古甜菜收购价与上年度相当；广西甘蔗收购价或将上调 30～50 元/吨。

三、第一批国储糖即将投放

国家发展和改革委员会、商务部、财政部发布 2016 年底 20 号公告，为保障食糖市场供应和价格平稳运行，决定于 10 月下旬投放第一批国家储备糖，数量 35 万吨，竞买底价为 6 000 元/吨（仓库提货价）。此次国储糖拍卖底价较高、数量不多，对市场走势的影响预计中性偏好。

四、商务部发布关于对进口食糖进行保障措施立案调查的公告

广西糖业协会（以下称申请人）于 2016 年 7 月 27 日代表国内食糖产业向商务部正式提交《中华人民共和国食糖产业保障措施调查申请书》，请求对进口食糖进行保障措施调查。

申请书主张：申请调查产品进入中国市场数量在 2011/2016 年急剧增长，2016 年 1 季度比 2011 年 1 季度增长 663.15%。申请调查产品进口数量在 2011/2015 年的增长幅度显著高于中国食糖需求量的增长幅度；申请调查产品所占中国市场份额 2011 年、2012 年、2013 年、2014 年、2015 年和 2016 年 1 季度分别为 21.23%、26.69%、30.42%、23.16%、32.09% 和 15.23%。申请人对包括不可预见的发展在内的申请调查产品进口数量增长的原因进行了分析。申请人同时主张，申请调查产品进口数量的急剧增长对中国国内产业造成冲击，中国国内产业的开工率、销售数量、市场份额、销售收入、税前利润等生产经营指标恶化，中国国内产业受到严重损害，且申请调查产品进口数量的增加与中国国内产业受到的严重损害之间存在因果关系。

依据《中华人民共和国保障措施条例》第三条的规定，商务部决定自 2016 年 9 月 22 日起对进口食糖进行保障措施立案调查，同时发布了《关于对进口食糖进行保障措施立案调查的公告》（2016 年第 46 号）。长远看，此公告对中国糖业应该是利好的。

五、预计 2016/2017 年度国内外糖价均将大幅上涨

本月将 2016/2017 年度国际食糖均价区间调整为每磅 19～24 美分，下限、上限每磅均调高了 1 美分。调整依据主要是全球食糖当季产不足需、缺口进一步扩大，预计巴西产量下降、印度重返进口市场，全球食糖消费持续增长，近期国际糖价的强劲

走势等。

将国内食糖均价区间调整为每吨 5 900～6 700 元，上限、下限每吨均调高了 300 元。调整依据主要是国内食糖供给偏紧，当季产不足需、对进口糖的管理力度加大、对走私糖的打击力度加强，还有国际糖价持续上涨的带动，下旬国储糖竞卖底价的公示，近期国内糖价的走势等。

六、预计 2016/2017 年度中国食糖消费将有所下降

由于糖价上涨有利于淀粉糖等替代品竞争力提高，不利于食糖消费增长，2016/2017 年度中国食糖消费量预计比上年度有所下降，预测数较上月下调 20 万吨为 1 510 万吨。

2016 年 12 月中国食糖供需形势解读报告

一、产量预测数保持不变

目前，甜菜已收获完毕，前期天气影响了糖分积累，出糖率比上年同期略偏低，但对甜菜糖产量影响需要进一步观察。11月份甘蔗主产区的气象条件总体有利于甘蔗糖分的积累，甘蔗糖厂陆续开榨；广西有 20 家糖厂开工，比上年同期减少 5 家，预计 12 月中下旬，将进入开榨高峰，12 月及来年 1 月新糖将大量上市。本月各主产区食糖产量预测均未有新的调整，2016/2017年度中国食糖产量预测数仍为 990 万吨。

二、生产进度

据中国糖业协会统计，截至 2016 年 11 月末，中国已经开工生产的糖厂有 46 家，比上年度同期减少 8 家；已累计产糖64.89 万吨（上年度同期 54.31 万吨），其中产甘蔗糖 9 万吨（上年度同期 4.34 万吨）、产甜菜糖 55.89 万吨（上年度同期

49.97 万吨）；累计销售食糖 28.01 万吨（上年度同期 11.75 万吨），累计销糖率 43.17%（上年度同期 21.64%），其中，销售甘蔗糖 7.8 万吨（上年度同期 0.94 万吨），销糖率 86.67%（上年度同期 21.66%），销售甜菜糖 20.21 万吨（上年度同期 10.81 万吨），销糖率 36.16%（上年度同期 21.63%）。重点企业（集团）成品白糖平均销售价格累计 6 545 元/吨。

三、消费预测数暂不作调整

上月报告考虑到糖价上涨对食糖消费有一定的抑制作用，对 2016/2017 年度中国食糖消费量较上年度调减 20 万吨至 1 500 万吨，本月暂与上月保持一致。

四、上调价格

本月对 2016/2017 年度中国国内食糖均价的预测区间调整为每吨 6 200～6 900 元，下限和上限每吨比上月分别调高了 200 元和 100 元。主要是考虑食糖价格连续三个月上涨，且 10 月和 11 月这两个月食糖均价在每吨 6 500 元以上。受商务部对进口食糖进行保障措施立案调查工作的推进、行业自律、国际运费上涨推高食糖进口成本等因素的综合影响，预计食糖进口将比上年度有所减少，维持上月 350 万吨的预测不变。

五、国际糖业组织调减 **2016/2017** 榨季全球食糖缺口预测值

国际糖业组织（ISO）于 11 月 18 日下调 2016/2017 榨季全球食糖产需缺口至 619 万吨。此前，8 月底的预估为 705 万吨。

假设未来 21 个月天气正常，国际糖业组织初步预计 2017/2018 榨季全球糖产量及消费量将"颇为平衡"，预示着全球糖周期中供应短缺阶段可能结束。同时表明，2017/2018 年度全球供需可能更加平衡的预期不会造成糖价大幅下滑，因 2016/2017 年度全球糖期末库存预计将十分低；全球糖库存消费比将下降至 43.58％，为 2010/2011 年度以来最低水准。

2017 年 2 月中国食糖供需形势解读报告

一、生产进度

据中国糖业协会统计数据显示，截至 1 月底，中国已产糖 454 万吨，比上年度同期增长 33 万吨，增幅 7.8%；其中甘蔗糖产量 361 万吨，比上年度同期增长 21 万吨，增幅 6.2%；甜菜糖产量为 93 万吨，比上年度同期增长 12 万吨，增幅 14.8%。

二、本年度食糖产量的预测值有可能调低

由于本年度食糖价格涨幅较大，蔗农扩种意愿明显增强，留种量的增加可能会在一定程度上造成本年度甘蔗入榨量减少，进而影响食糖产量，具体影响程度有待进一步观察。

三、本月对本年度食糖产量、消费量等指标均不作调整

1 月以来，主产区天气总体正常，单产、出糖率等指标符合

预期。因此，对各主产区食糖产量预测均未有新的调整，本月
2016/2017 年度中国食糖产量预测数仍保持 990 万吨。

食糖消费量 1 500 万吨，也与上月预测相同，至于高糖价对
食糖消费的抑制程度，后期将继续关注。

虽然 2017 年 1 月份国内食糖均价稳中有跌，但更多是季节
性波动。本月对年度国内食糖均价的预测不作调整。后期将继续
关注糖价波动对食糖消费的具体影响。

2017年5月中国食糖供需形势解读报告

一、2016/2017年度食糖生产即将结束

在国家有关部门的共同努力下，糖价稳固回升，整个行业从上年度开始扭亏为盈，本年度行业效益比上年度又有提升，农民糖料兑付率同比提高14%。一方面，中央要求稳固经济作物，包括棉花、糖料、油料等，加大双高基地投入；另一方面，从整个市场调控来说，希望在国内产需缺口大的情况下，通过国储、进口实现供给平衡，此外今年还有保障措施的调查。政策的支撑扶持和保护的力度前所未有。从相关部门所做采取产销引导工作及调控措施看，目的是国内食糖市场平稳运行，确保整个行业有一个良好的生产和发展环境。

2016/2017年度中国食糖生产进入尾声，据中国糖业协会统计，截至4月底，2016/2017年度中国已累计产糖915.18万吨，其中甘蔗糖产量810.47万吨，比上年度同期增加39.48万吨，增幅5.1%；甜菜糖产量104.71万吨，比上年度同期增加20.73万吨，增幅27.7%。截至2017年4月底，仅云南还有少数糖厂

在生产，其他产区均已停榨。截至 4 月，2016/2017 年度已经过去 7 个月，我国食糖均价为 6 662 元/吨，相比 2015/2016 年度同期每吨涨了 1 380 元，涨幅为 26.1％。

本月对 2016/2017 年度各指标的预测，与上月保持一致：食糖产量 925 万吨，其中甘蔗糖产量 820 万吨，甜菜糖产量 105 万吨（甜菜糖生产已结束，此为实际产量）；食糖消费量为 1 500 万吨，食糖进口量为 350 万吨；国内食糖均价在每吨 6 400~6 800 元。

二、2017/2018 年度食糖产量将保持恢复性增长

由于糖料收购价格回升、兑付糖料款及时以及对进口食糖可能采取保障措施的预期，农民种植糖料积极性提升，糖料种植面积增加，预计 2017/2018 年度食糖产量将保持恢复性增长。综合各主产区情况，初步预计下年度中国糖料种植面积为 147.2 万公顷，较 2016/2017 年度增长 9.1％。抛开可变因素、不确定因素的影响，设定气象条件为正常年景、生产条件不变、收获面积与种植面积一致，2017/2018 年度中国甜菜及甘蔗单产不变、出糖率假设为 12.05％的前提下，初步预计 2017/2018 年度中国食糖产量为 1 047 万吨，较 2016/2017 年度增长 13.5％，其中甘蔗糖产量 923 万吨、甜菜糖 124 万吨。

三、部分主产区情况

综合地方糖协信息，部分主要产区的情况：

广西2016/2017年度全区累计入榨甘蔗4 284万吨，同比上榨季减少140多万吨；产混合糖529万吨，同比增加17万吨；产糖率12.34%，同比提高0.8个百分点，为近7个年度的最高水平。截至4月20日，累计销糖250万吨，同比增加35万吨；产销率47.35%，同比提高5.28个百分点。白砂糖含税平均售价6 802元/吨，同比提高1 410元/吨。2016/2017年度全区糖料蔗收购价格实行了提前联动，将原定的普通糖料蔗收购价由480元/吨提前联动至500元/吨，与上榨季（440元/吨）的收购价同比提高了60元/吨，涨幅达13.6%。全区农民实现种蔗收入约215亿元，同比增加16亿元。截至3月底，蔗款总兑付率达89.5%，比去年同期提高了12.14个百分点。2017/2018年度广西计划糖料种植面积1 230万亩，同比2016/2017年度增加了110万亩，涨幅9.82%；其中新植蔗面积是522万亩，比2016/2017年度增加87万亩，涨幅20%。说明伴随甘蔗收购价格的上涨，糖农的种植积极性有所提高；新植蔗面积大增，也显示出农民对糖料的管护意愿增强。

广东2016/2017年度入榨甘蔗803万吨，产糖77万吨，比上年度增长22%，出糖率9.52%，上年度为8.45%。截至4月29日，销糖51万吨，工业库存26万吨，产销率66%，甘蔗价格505元/吨，吨糖含税成本6 300元/吨。湛江食糖产业出现的问题主要表现为地区土壤酸化、板结严重，甘蔗长得不好，品种退化；农务管理存在问题，甘蔗劳动力紧张。2017/2018年度预计甘蔗种植面积为196万亩，较2016/2017年度（178万亩）增长10.1%；产糖量预计增长15%～20%，达到90万吨左右，由于当前天气不错，预计出糖率也可能有所提高。

内蒙古 2016/2017 年度共计收购甜菜 396 万吨，产食糖 46.3 万吨，分别比 2015/2016 年度增加了 105 万吨、10 万吨，创造了内蒙古制糖行业 61 年来的历史最高水平。这在很大程度上要归功于其甜菜生产机械化面积达到 70％以上，个别地区已达 90％。预计 2017/2018 年度内蒙古甜菜种植面积在 130 万亩，比 2016/2017 年度增加 10 万亩。

四、对 2017/2018 年度消费量、进口量暂不作调整

玉米价格下调增加了淀粉糖替代的竞争力，食糖消费增长空间会受到挤压，假设增长部分将由替代品补充。初步预计 2017/2018 年度中国食糖消费保持平稳为 1 500 万吨。实践证明玉米价格下跌对食糖供给有一定影响，但是影响不大。影响我国食糖供给的主要因素是食糖走私，巨大的价差所带来的丰厚利益使得打私任重道远。

2017 年原糖加工行业继续开展行业自律，同时关注配额外食糖进口管理，保持按期、有序、平稳可控。预期中国食糖进口继续行业自律的基础上保持有序、平稳进行，初步预计 2017/2018 年度中国食糖进口维持在 350 万吨水平。

五、2017/2018 年度供求关系改善

预计我国食糖产量恢复性增长，消费持平，供求关系改善，预计 2017/2018 年度中国食糖均价区间为 6 400～6 800 元/吨。

280

国际有关糖业机构预计 2017/2018 年度全球食糖供应将转为过剩。自 5 月 2 日以来国际糖价都在每磅 16 美分以下运行。我国农产品保护低，需重视国际市场对我们的影响，关注其走向。从长计议，扎实提高自身能力，实现机械化，降低各生产环节的成本，制糖企业实现综合效益的增长。

2017 上半年食糖新闻发布会口径

——2017 年上半年食糖市场形势分析和下半年走势预测问答

2017 年上半年，国内糖价大体呈持平略跌的走势，均价同比暴涨 23.5%；国际糖价则是持续下跌的走势；上半年进口糖一直都比国内糖便宜且价差持续拉大；1—5 月，我国食糖进口大幅增长。

一、上半年国内糖价走势是怎样的？ 原因分析？ 下半年国内糖价走势如何？

上半年国内糖价大体呈持平略跌的走势，均价同比暴涨 23.5%。

1. 价格走势

上半年，国内糖价艰难地维持着平稳略跌的走势，均价为每吨 6 661 元，比上年同期均价（5 392 元/吨）上涨 23.5%。

国内糖价每吨从 1 月的 6 713 元涨到 2 月的 6 767 元，3 月略跌为 6 654 元，4 月继续稍跌至 6 620 元，5 月稍涨为 6 632 元，6 月再略跌为 6 577 元。

2. 原因分析

（1）上半年国内糖价呈持平略跌走势的原因。1 月、2 月、3 月、4 月国内糖市处于生产旺季、销售淡季；国家连续（四次）投放储备糖（共 64.93 万吨），国内食糖市场供给充分；国际糖价大幅下跌的影响。

5 月国内糖价转为持平略涨，主要原因：一是国内食糖进入纯销售期，正走向销售旺季；另一个重要原因是国务院关税税则委员会决定自 2017 年 5 月 22 日起对进口食糖产品实施保障措施。

受国际糖价连续下跌且跌幅不断加大的影响，6 月国内糖价由 5 月的持平略涨转为持平略跌。

（2）上半年国内糖价同比暴涨的原因。2016/2017 榨季比上榨季虽增产 6.8%，但供需缺口仍巨大，预计为 571 万吨；甘蔗和甜菜的收购均价继续上调，制糖成本提高；国家宏观调控力度不断加强。

3. 初步预测

对下半年国内糖价走势的初步预测：由于食糖消费旺季主要集中在下半年以及下榨季缺口仍较大，预计国内糖价回稳回升的可能性较大；但若消费跟不上，不排除糖价下跌的可能。

二、上半年国际糖价走势如何？ 原因分析？ 下半年国际糖价走势将会怎样？

上半年国际糖价呈持续下跌走势，均价同比大跌 12.5%。

1. 价格走势

2017 年上半年，国际糖价呈持续下跌的走势，每磅均价为 17.53 美分，比上年同期均价（15.58 美分/磅）上涨 12.5%。

2. 原因分析

主要是预期全球食糖供给过剩、巴西生产提速,基金做空、技术性卖出等因素造成的。

3. 初步预测

对下半年国际糖价走势的初步预测:如果供给过剩的预期、气候方面不出现重大变化,国际糖价继续弱势运行的可能性较大。

三、国内外价差的具体情况是怎样的?

进口糖与国产糖的价差持续拉大。

上半年各月,进口配额内 15%关税后的巴西食糖到岸价每吨分别为 5 398 元、5 198 元、4 807 元、4 340 元、4 116 元、3 653元;比国内糖价每吨分别低 1 316 元、1 569 元、1 847 元、2 280 元、2 509元、2 924 元,上半年进口糖一直都比国内糖便宜且价差持续扩大。

配额外 50%关税后的巴西食糖到岸价每吨比国内分别+219.7元、-93.1 元、-490.0 元、-1 065.3 元、-1 362.0 元、-1 918.9元。自 2 月开始,也是每月都比国内糖价低,且价差亦逐月拉大。

四、今年我国食糖进口情况?

1—5 月我国食糖进口量额均大幅增长。

1—5 月我国进口食糖 127.4 万吨,同比增长 31.9%,进口额 6.3 亿美元,同比增长 79.8%。1—5 月,我国从巴西进口的食糖最多、占全国进口量的 54.2%,其次是古巴、泰国、澳大利亚、韩国、危地马拉等国家。

五、全球食糖供给局面是怎样的？

预计 2017/2018 榨季全球食糖过剩 300 万吨。

国际糖业组织（ISO）6 月 1 日首次预计 2017/2018 榨季全球的食糖生产过剩量将达到 300 万吨左右。并称往更远处看，如果 2018/2019 榨季全球产糖国不收缩生产规模，全球食糖市场可能会面临连续第二年生产过剩的风险。

同时国际糖业组织把 2016/2017 榨季全球食糖产量从 2 月份预期的 1.683 34 亿吨下调至 1.659 28 亿吨；把全球的食糖消费量从 2 月份预期的 1.742 03 亿吨下调至 1.723 93 亿吨；把全球食糖产不足需数量从 2 月份预期的 586.9 万吨上调至 646.5 万吨；把全球食糖消费增长率从 2 月份预期的 1.62% 下调至 1.22%。另外，2016/2017 榨季全球将消耗掉 680.9 万吨库存糖。

六、存在的主要问题和建议

国内食糖产业依然脆弱。

近年来，在有关部门的继续共同努力下，通过严格打击走私、采用配额外食糖进口自动许可登记制度、规范进口糖配额管理、实行糖企行业自律，尤其是对进口食糖产品实施保障措施等多种措施，国内食糖价格继续稳步回升，时常走出背离国际糖价走势的独立行情，食糖行业盈利状况明显好转。

自 5 月 22 日对进口食糖产品实施保障措施，为国内食糖价格提供了潜在的上涨空间；同时，这也给我国食糖产业提供了一个闭关修炼的机会，一定要利用好，以努力提高生产技术、提高单产、降低成本，努力提升我国糖业抗风险能力。

（一）存在的主要问题

蔗区基础设施薄弱，产业发展后劲不足。一是蔗区水利、道路等基本建设和基础设施严重不足，有效灌溉面积少。冬春种植时干旱缺水，造成旱灾；进入雨季，田蔗难排水，形成洪涝灾害，蔗区排灌不畅状况还没有得到根本改善。二是蔗区道路等级低，维护难。蔗区道路大部分为制糖企业自己修建，自己维护。近几年来，食糖市场低价运行，制糖企业效益不佳，维护能力弱，大多数路段为晴通雨阻。

甘蔗新品种替代缓慢。品种更新滞后，产区重点推广的主栽品种多已连续种植十多年，导致单产低，效益低。

机械化作业低，甘蔗生产成本高。蔗区劳动力成本攀升，整个种蔗成本也随之增加；机械化生产仍处于探索阶段，效果不明显，机械种植、砍收有待提升。

此外，甘蔗生产比较效益低，蔗农生产积极性不高；在现有的甘蔗收购价的情况下，难保现有面积；劳动力不足。

（二）几点建议

研究在现有国情下满足国内食糖消费的合理自给率，及相应的面积保障；促进糖料种植及食糖生产继续向优势区域、高效企业集中，加强基础设施建设，实事求是促进适当规模经营，提高机械化水平、降低糖料生产成本；制糖企业切实把糖料生产当作第一车间来重视本身练内功、延伸产业链、增加盈利点、实现综合效益的增长。

2017年全年食糖新闻发布会口径

——2017年食糖市场形势及2018年走势预判

一、2017年国内糖价走势及原因

2017年国内糖价走势：总体呈下跌的走势，但均价同比明显上涨，涨幅为10.8%。

2017年国内糖价同比明显上涨的主要原因：2016/2017榨季比上榨季虽增产6.7%，但供需缺口仍巨大，为561万吨；甘蔗和甜菜的收购均价继续上调，制糖成本提高；食糖自动进口许可管理政策与行业自律继续实施，食糖贸易保障措施的出台以及国家宏观调控力度不断加强使得我国食糖进口同比骤减。

二、对2018年国内糖价走势的预判

2018年产需缺口有所缩小。据农业部市场预警专家委员会2017年12月发布的食糖供需平衡表，预计2017/2018榨季国内食糖产量1 035万吨，需求量1 500万吨，当季产需缺口为465万吨，比上榨季缩小92万吨。

预计 2018 年国内糖价上涨的可能性不大。此外，随着国际食糖市场重新转向产大于需，国际糖价下行的可能性增大；由于国内外糖价价差很大，食糖走私的威胁依然在。鉴于此，预计2018 年国内糖价上涨的可能性不大。

2018年上半年食糖新闻发布会口径

2018年上半年，国内食糖价格阴跌不止，请问是什么原因造成的？下半年食糖价格能够止跌回升吗？

根据监测，2018年1—6月国内食糖价格平均每吨5 670元，同比下跌989元/吨，跌幅14.9%。造成2018年上半年国内食糖价格下滑的原因是多方面的：一是国内食糖生产主要集中于上半年，新糖集中上市，造成国内食糖市场供给较为充足；二是由于新榨季印度、泰国等世界主要产糖国食糖生产形势较好，造成国际食糖市场供给过剩，食糖价格下跌，传导机制作用下对国内市场带来了一定压力，据监测，2018年1—6月纽约11号原糖期货平均价格为每磅12.72美分，同比下跌4.81美分/磅，跌幅27.4%；三是食糖走私屡禁不止、期货市场游资炒作等因素造成市场主体信心不足，存在观望情绪，导致下游食糖消费疲软，进而对国内糖价产生了不利影响。当前，国内食糖市场已进入纯销糖期，且随着气温的升高食糖市场也将进入暑期消费旺季，但受国内外食糖市场供需过剩基本面的影响，下半年国内食糖价格下行的压力依然较大。

2018 年全年食糖新闻发布会口径

2018 年我国糖价弱势运行，请问对 2019 年我国食糖供需形势有何判断？ 我国糖价是否有望回升？

受国际糖价大幅下跌、市场主体信心不足等因素影响，2018 年我国糖价低位运行。年均价为每吨 5 421 元，比 2017 年每吨跌 1 019 元，跌幅为 15.8%（这是我国糖价三连涨后的第一年下跌。2015 年、2016 年及 2017 年我国食糖均价每吨分别为 5 102 元、5 815 元和 6 440 元）。

当前，2018/2019 榨季食糖生产已全面开展，全国糖料种植面积继续恢复性增长，食糖产量预计将有所增加；同时，糖价的低位运行，一定程度会带动食糖消费的增加。2018/2019 榨季国内食糖产量预计为 1 068 万吨，需求量预计为 1 520 万吨，产需缺口在 450 万吨左右。较大的产需缺口本该是糖价上升的有利条件，但国际食糖产需过剩量大、国际糖价持续低迷，给我国糖价造成了极为不利的影响，预计 2019 年我国糖价仍不容乐观，将保持弱势低位运行。后期将重点关注食糖主产国的产业政策、国际糖价走势、国内相关政策走向以及主产区的天气变化等。

2019年上半年食糖新闻发布会口径

2019年上半年，国内每月食糖均价同比均持续下跌，请问是什么原因造成的？下半年食糖价格有回升的可能吗？

今年以来，我国食糖每月的价格均低于上年各月，6月当月国内食糖均价跌至每吨 5 171 元，环比跌 0.5%，同比跌 4.1%。目前价格水平已经明显低于成本，制糖企业出现大面积亏损，后期兑付蔗农糖料款很可能出现困难。虽然我国食糖产需存在较大的缺口的基本面应为国内糖价提供有力支撑，但受国际市场供大于求及国际糖价低迷的影响，我国糖价难以走出当前的行情。预计后期国内糖价以平稳弱势运行为主。

目前，各国际机构对 2019/2020 榨季全球食糖会出现短缺的看法较为一致，当下，印度季风降雨仍然缺乏，美国玉米、乙醇价格大涨也进一步刺激了看涨国际糖价的情绪。但受庞大的库存及较多不确定因素的影响，后期国际糖价的实际走势，还需密切跟踪这些因素的变化。

今年 1—6 月纽约 11 号原糖期货平均价格为每磅 12.5 美分，同比跌幅 1.7%，国内食糖市场已进入纯销糖期，目前配额内 15%关税下巴西食糖到岸税后价仅为 3 413 元/吨，比国内糖价低 1 758 元/吨。进口配额外 50%关税的巴西食糖到岸税后价为 4 346 元/吨，比国内糖价低 826 元/吨。而对关税配额外征收 35%保障措施关税的巴西食糖到岸税后价为 5 278 元/吨，比国内糖价高 107 元/吨。巨大的国内外价差导致后期国内糖价上涨的难度很大。

2019年全年食糖新闻发布会口径

2019年我国糖价继续弱势运行，请问对2020年我国食糖供需形势有何判断？我国糖价是否有望回升？

2019年我国糖价继续低位运行，同比持平，年度均价为每吨5 397元，比2018年每吨跌24元，跌幅为0.4%。这是我国糖价三连涨后的第二年下跌，但跌幅大大收窄（具体是：2019年上半年国内糖价低迷，主要受国际糖价低位运行的影响；2019年下半年受预计新榨季减产、打击走私成效显著等支撑，市场信心有所恢复，使得国内糖价有了一定的回升）。

当前，2019/2020榨季食糖生产已全面开展，全国糖料种植面积略有减少，预计食糖产量稳中有降、食糖消费量持平，产需缺口在458万吨左右。较大的产需缺口本该是糖价上升的有利条件，但由于国际食糖库存量大，以及持续存在的较大国内外价差，对我国糖价的回升造成了极大的压力。因此，对2020年我国糖价的走势持谨慎乐观的态度，预计2020年我国糖价持平略涨的可能性较大。后期将重点关注食糖主产国的产业政策、国际糖价走势、国内相关政策走向以及主产区的天气变化等。

2020年上半年我国食糖新闻发布会口径

2020年上半年，我国糖价基本呈下行走势，请问是什么原因造成的？对下半年糖价走势有何预判？

上半年我国食糖均价每吨5 581元，同比涨431元/吨，涨幅8.4%。单月糖价均高于上年（单月每吨糖价分别为5 720元、5 754元、5 695元、5 499元、5 401元、5 416元）。但上半年我国糖价基本呈下行走势（6月当月国内食糖均价每吨5 416元，环比上涨15元/吨，涨幅0.28%，同比涨245元/吨，涨幅4.7%）。

这主要是由于我国及全球食糖产需都存在较大的缺口，缺口支撑着糖价回升。然而随着新型冠状病毒肺炎疫情的全球蔓延，国际油价大跌，致使国际糖价每磅一度跌破10美分，我国糖价也难走出自己的涨势。同时，新型冠状病毒肺炎疫情导致全球食糖消费下降。

当前，新型冠状病毒肺炎疫情的全球影响正在减弱，国际油价回暖，国际糖价企稳回升，国内食糖市场已进入纯销糖期，正值消费旺季，预计近期国内糖价以平稳运行为主。6月2日，国际糖业组织预计2020/2021榨季全球食糖产需仍存在缺口，对国际糖价提升又是一有力支撑。预计近期国际糖价以继续向好为主。后期国内外糖价走势仍需继续关注新型冠状病毒肺炎疫情对全球食糖需求及国际油价的影响走势。

附

上半年，国际食糖均价（洲际交易所11号原糖期货均价）每磅12.3美分，同比跌0.2美分/磅，跌幅1.8%。

6月份，配额内15%关税的巴西食糖到岸税后价为每吨3 281元，环比涨239元/吨，涨幅7.85%，比国内糖价低2 145元/吨。而进口配额外50%关税的巴西食糖到岸税后价为每吨4 172元，环比上涨312元/吨，涨幅8.07%，比国内糖价低1 253元/吨。巨大的国内外价差导致后期国内糖价上涨的难度很大。而对关税配额外征收35%保障措施关税的巴西食糖到岸税后价为每吨5 064元，比国内糖价低361元/吨，已连续4个月低于国内糖价，至5月21日该措施到期。

附 录 APPENDIX

附录一　关于调整《实行进口报告管理的大宗农产品目录》的公告

（商务部　公告 2020 年第 23 号）

　　根据《大宗农产品进口报告和信息发布管理办法》（商务部令 2008 年第 10 号，以下简称《办法》），商务部对《实行进口报告管理的大宗农产品目录》（以下简称《目录》）进行调整。现将有关事项公告如下：

　　一、将关税配额外食糖（产品目录见附件 1）纳入《目录》，自 2020 年 7 月 1 日起实行进口报告管理。进口上述商品的对外贸易经营者应按照《办法》履行有关进口信息报告义务。

　　二、自 2020 年 7 月 1 日起，取消橄榄油进口报告管理。

　　三、商务部委托中国食品土畜进出口商会负责上述商品进口报告信息的收集、整理、汇总、分析和核对等日常工作。

　　四、进口上述商品的对外贸易经营者，原糖加工生产型企业应向中国糖业协会备案，食糖进口国营贸易企业和其他企业应向中国食品土畜进出口商会备案，并将《关税配额外食糖进口报告企业备案登记表》（见附件 2）抄报企业注册地省级商务主管部门，在京中央企业抄报商务部（对外贸易司）。

　　五、商务部每半个月一次（遇节假日顺延），在商务部政府网站"大宗农产品进口信息发布专栏"发布有关进口信息。

　　附件（从略）

商务部

2020 年 6 月 29 日

附录二 大宗农产品进口报告备案流程
（食糖）

一、产品范围

根据商务部 2020 年第 23 号公告，凡进口关税配额外食糖（海关 HS 编码：17011200.90、17011300.90、17011400.90、17019100.90、17019910.90、17019920.90、17019990.90）的企业，需按照《大宗农产品进口报告和信息发布管理办法（试行）》（商务部令 2008 年第 10 号，以下简称《管理办法》）规定报告相关信息。

二、适用企业

在市场监督管理部门登记注册，未列入"信用中国"网站受惩黑名单的企业。包括以下三种类型：

（一）食糖进口国营贸易企业。

（二）原糖加工生产型企业。项目建设符合《产业结构调整指导目录》《外商投资产业指导目录》及《鼓励外商投资产业目录》规定的原糖加工生产型企业。

（三）其他企业。

三、申请材料

中国糖业协会负责办理原糖加工生产型企业基本情况备案，中国食品土畜进出口商会负责办理食糖进口国营贸易企业和其他企业基本情况备案。备案申请材料包括：

（一）申请函（包括企业经营概况，食糖进口流向、用途，承诺按相关规定要求履行食糖进口报告义务、遵守行业章程等）。

（二）关税配额外食糖进口报告企业备案登记表（以下简称《备案登记表》，见附件）。

（三）意向性进口合同（需体现买卖双方基本信息及进口产品的品名、规格、数量、单价、装运港、报关口岸等基本信息，合同需双方企业法人签字盖章）。

（四）原糖加工生产型企业还需提供商务部 2020 年第 23 号公告实施之日前原糖加工建设项目核准审批文件（含原糖年加工能力）；其他企业还需提供食品、化工、医药等相关行业生产（经营、流通）许可证。

（五）食糖进口企业生产自用、代理进口或委托加工销售的，还需提供相应的进口协议或合同、委托加工协议或合同。

四、备案流程

（一）申请备案企业将全部材料原件扫描成电子版并存入一个文件夹（将《备案登记表》word 版一并存入该文件夹），文件夹名称为"XX 公司食糖备案申请材料"，原糖加工生产型企业发送至中国糖业协会（电子邮箱 csa@chinasugar. org. cn 和 xlx @chinasugar. org. cn），食糖进口国营贸易企业和其他企业发送至中国食品土畜进出口商会（电子邮箱 zhongling@cccfna. org. cn）。将《备案登记表》抄报企业注册地省级商务主管部门，在京的中央企业抄报商务部（对外贸易司）。

（二）中国糖业协会和中国食品土畜进出口商会收到申请材料后进行初核，并将初核结果反馈企业，企业根据反馈补充材料，至完成备案手续。

（三）企业完成备案后，可签订食糖进口合同，履行进口报告义务，在大宗农产品进口报告系统内及时、准确填报企业基本信息、合同、装船、到港、流向及进口食糖境外生产企业等信息，并对报告内容的真实性负责（具体操作详见中国食品土畜进出口商会网站《大宗农产品进口报告系统使用手册》）。

企业应在以下情况发生后 3 个工作日内履行进口报告义务：1. 签订进口合同；2. 货物在装运港出运；3. 货物抵达目的港；4. 报告事项发生变更。企业应在货物实际到港日后 3 个月内，按自用或销售进度填报货物流向，并提供流向相关材料。如遇特殊情况需对已申报信息进行修改，需提供相关说明，经核准后方可在系统中进行修改操作。

五、其他事项

（一）企业申请备案过程中存在虚报、瞒报、伪造、篡改、迟报和拒报大宗农产品有关进口信息的，依照《中华人民共和国对外贸易法》《中华人民共和国统计法》《对外贸易经营者违法违规行为公告办法》《管理办法》等相关法律法规和部门规章规定，中国糖业协会和中国食品土畜进出口商会将给予行业内警告，向商务部报告有关情况，并提出暂停其备案资格建议。

（二）通过备案企业在履行进口报告义务时发生虚报、瞒报、迟报和拒报进口信息和进口货物流向，或未依照流程按时在系统中填报合同、到港、流向等信息的，中国糖业协会和中国食品土畜进出口商会将向商务部报告有关情况，并提出暂停其备案资格建议。

（三）中国糖业协会、中国食品土畜进出口商会对备案企业申报信息进行核实，对备案企业进行复核，经核实无误，企业可继续申报。

（四）大宗农产品进口报告系统将及时发送相关通知信息，备案企业应保证联系方式准确，联系渠道畅通，如发生变化应及时更新，否则，因此造成相关通知无法送达企业，后果由企业自负。

（五）中国食品土畜进出口商会负责备案企业咨询服务和后期培训。

六、联系方式

（一）中国食品土畜进出口商会

电话：010 - 87109842

传真：010 - 87109844

电子邮箱：zhongling@cccfna.org.cn

地址：北京市东城区广渠门内大街 80 号通正国际大厦 4 层，中国食品土畜进出口商会果菜工业食品部

（二）中国糖业协会

电话：010 - 58568971

传真：010 - 58568983/74

电子邮箱：csa@chinasugar.org.cn、xlx@chinasugar.org.cn

地址：北京市西城区月坛北街 26 号恒华国际商务中心 C 座 1801，中国糖业协会原糖进口加工委员会

附录三 中央储备糖管理办法

第一章 总 则

第一条 为加强中央储备糖规范管理，确保数量真实、质量合格、储存安全、节约高效，确保管得好、拿得出、调得快、用得上，制定本办法。

第二条 本办法所称中央储备糖，是指中央政府为实施市场调控、稳定市场预期、应对突发事件引发的市场异常波动而储备的食糖，包括原糖和白砂糖。中央储备糖实行严格的计划管理，任何单位和个人不得侵占、破坏、挪用。

第三条 从事中央储备糖管理、监督检查等活动，适用本办法。

第二章 职责分工

第四条 国家发展改革委负责中央储备糖市场调控管理，会同国家粮食和物资储备局、财政部研究提出中央储备糖规划、总量计划和年度调控意见，报国务院批准后协调落实。

第五条 国家粮食和物资储备局负责中央储备糖行政管理，负责中央储备糖利息费用补贴的预算编制、申请及使用管理，对中央储备糖数量、质量、储存安全及计划执行情况实施监督检查。

第六条 财政部负责中央储备糖财政财务管理，安排和管理中央储备糖财政补贴资金，组织指导财政部各地监管局开展财务秩序和财政资金监管，定期清算并根据需要开展绩效评估评价。

第七条　中国农业发展银行负责按照国家有关信贷政策和中央储备糖计划，及时发放和收回中央储备糖贷款，对发放的中央储备糖贷款实施信贷监管，确保资金安全。

第八条　国家发展改革委、国家粮食和物资储备局会同财政部指定储备运营机构。储备运营机构负责中央储备糖的日常管理，储备运营业务与商业经营实行人员、实物、财务、账务管理严格分开，严格执行国家有关部门行政指令，具体实施中央储备糖收储、销售、轮换、动用计划，按月报告计划落实情况、储备管理情况和有关统计报表，对中央储备糖数量、质量和储存安全负责。

第三章　计划管理

第九条　中央储备糖的总量规模、品种结构、区域布局，由国家发展改革委会同国家粮食和物资储备局、财政部，根据国家宏观调控需要和财政承受能力等，结合绩效评估评价结果提出建议，报国务院批准。国家发展改革委会同国家粮食和物资储备局、财政部确定收储、销售的原则、方式、数量和时机等，国家粮食和物资储备局会同国家发展改革委、财政部下达收储、销售计划。

第十条　中央储备糖原则上实行均衡轮换。原糖年度轮换数量按15％～20％比例掌握，根据市场调控需要可适当增减，原则上不超过库存总量的30％；白砂糖原则上每年轮换一次。

第十一条　中央储备糖的轮换，由储备运营机构统筹中央储备糖储存品质、年限、承储企业的管理情况等因素，于每年11

月底前研究提出下一年度轮换计划建议，报送国家粮食和物资储备局、财政部和国家发展改革委。国家发展改革委会同国家粮食和物资储备局、财政部确定轮换原则、方式、数量和时机等，国家粮食和物资储备局、财政部会同国家发展改革委下达轮换计划。

    第十二条   中央储备糖收储、销售、轮换相关费用构成、标准以及盈亏处理等，由财政部会同国家粮食和物资储备局等有关部门按规定确定。

    第十三条   中央储备糖的动用，由国家发展改革委会同国家有关部门提出建议，经国务院批准后，由国家粮食和物资储备局会同有关部门下达动用计划。

    第十四条   发生下列情形之一的，可以动用中央储备糖：

    （一）全国或部分地区食糖明显供不应求或市场价格异常波动的；

    （二）发生重大自然灾害或其他突发事件需要动用中央储备糖的；

    （三）国务院认为需要动用中央储备糖的其他情形。

    第十五条   储备运营机构具体实施中央储备糖的收储、销售、轮换、动用计划，并接受国家有关部门监督指导。因不可抗力等因素不能按时完成的，要及时报国家粮食和物资储备局、财政部和国家发展改革委批复。

    第十六条   中央储备糖的收储、销售、轮换主要通过规范的交易平台以公开竞价交易方式进行。根据国家有关规定和要求，也可采取邀标竞价、委托包干、单一来源采购等方式进行。

第四章　仓储管理

第十七条　储备运营机构按照中央储备糖区域布局等要求，根据国家有关部门制定的中央储备糖储存库资质条件等相关标准，选择其直属企业储存，也可采取公开、公平、公正的方式选择具备条件的其他企业代储。储备运营机构要将直属企业和代储企业（统称承储企业）名单、具体储存库点和储存数量、质量及时报告国家粮食和物资储备局。

第十八条　储备运营机构和承储企业不得擅自变更中央储备糖储存库点，不得擅自串换中央储备糖品种，不得虚报中央储备糖数量，不得故意拖延中央储备糖出入库。

第十九条　储备运营机构和承储企业要严格执行国家关于中央储备糖管理的规章制度、标准，健全完善内部管理制度和工作机制，严格仓储管理，加强质量安全管理。要加强中央储备糖经常性检查，及时排查风险隐患，妥善处理数量、质量和储存安全等方面问题，并由储备运营机构及时报告国家粮食和物资储备局。中央储备糖出现数量、质量和储存安全问题造成的损失，由储备运营机构先行赔偿，再向相关责任单位追偿。

第二十条　承储企业要对中央储备糖实行专仓储存、专人保管、专账记载和挂牌明示，不同年份、不同品种应分垛码放，保证账账相符、账实相符、质量合格和储存安全。

第二十一条　承储企业应当对中央储备糖进行糖权公示，在储存中央储备糖的仓房仓门、外墙涂刷明显标识，悬挂统一标牌。

第二十二条　因不可抗力等因素需安排中央储备糖移库的，

由储备运营机构提出移库计划建议，经国家粮食和物资储备局、财政部和国家发展改革委同意后具体实施。

第二十三条 在库中央储备糖应当统一办理财产保险，由储备运营机构在财政部北京监管局监督下通过招标方式进行。

第五章 质量管理

第二十四条 中央储备糖应当符合国家有关质量和食品安全要求。储备原糖应当符合国家标准，储备白砂糖应当符合国标一级及以上。不符合食品安全法律法规和食品安全标准要求的中央储备糖，不得用作原料生产食品，也不得投放食品市场进行销售。

第二十五条 中央储备糖出入库质量检验，由储备运营机构委托经国家粮食和物资储备局认可的第三方检验机构进行。储备运营机构将检验结果及时汇总报国家粮食和物资储备局，并向承储企业提供出入库质量检验结果。承储企业如对质量检验结果有异议，应在收到检验报告7个工作日内向国家粮食和物资储备局提出书面复检申请，国家粮食和物资储备局按有关规定进行处理。

第二十六条 中央储备糖在库质量安全管理执行定期质量监测制度，由国家粮食和物资储备局组织实施，每年对储备原糖开展一次监测，监测批次比例不低于10％；每年对储备白砂糖开展一次逐批次全覆盖监测。

第六章 监督检查

第二十七条 国家粮食和物资储备局、财政部按照各自职责，依法对储备运营机构和承储企业中央储备糖管理情况进行监督检查和核查。在监督检查和核查过程中，可以行使下列职权：

（一）进入承储企业检查中央储备糖数量、质量和储存安全；

（二）向有关单位和人员了解中央储备糖收储、销售、轮换、动用等计划执行情况；

（三）调阅中央储备糖管理有关资料、凭证；

（四）对违法违规行为，依法依规予以处理。

第二十八条 中国农业发展银行按照信贷政策和规定，加强对中央储备糖贷款的信贷监管。储备运营机构应及时提供有关资料和情况。

第二十九条 国家粮食和物资储备局垂直管理局负责辖区内中央储备糖日常监管和计划执行情况的监督检查，督促承储企业严格落实中央储备糖计划，按规定对有关库存案件进行查处，提出处理和追责建议。国家粮食和物资储备局垂直管理局检查发现承储企业未执行中央储备糖有关管理规定，存在管理不规范、质量把关不严格、制度执行不力等问题，应及时向承储企业指出，责令其予以改正；发现承储企业存在严重违纪违规、不适于储存中央储备糖等情况，应及时向国家粮食和物资储备局报告。

第三十条 储备运营机构及承储企业对国家有关部门单位的监督检查和核查，应当予以配合。任何单位和个人不得拒绝、阻挠、干涉国家有关部门单位的监督检查和核查。

第三十一条 储备运营机构应加强对承储企业中央储备糖管理情况的内部管控，及时发现并解决问题。重大问题报请国家粮食和物资储备局、财政部处理。

第七章 罚 则

第三十二条 国家工作人员违反本办法规定，有下列行为之一的，依照《中华人民共和国公务员法》等有关规定，给予相应处分；构成犯罪的，依法追究刑事责任：

（一）不及时下达中央储备糖收储、销售、轮换、动用计划的；

（二）发现承储企业存在不适于储存中央储备糖的情况不责成其限期整改的；

（三）接到举报、发现违规问题不及时查处的；

（四）有其他违反本办法行为的。

第三十三条 储备运营机构违反本办法规定，有下列行为之一的，由国家粮食和物资储备局、财政部按照各自职责，责成储备运营机构限期整改；情节严重的，扣拨管理费补贴，对直接负责的主管人员和其他直接责任人员提出处理建议，按权限由有关部门或单位给予相应处分；构成犯罪的，依法追究刑事责任：

（一）拒不实施或擅自改变中央储备糖收储、销售、轮换、动用计划的；

（二）选择不符合有关资质条件的企业承储中央储备糖的；

（三）发现中央储备糖数量、质量和储存安全等方面问题不及时采取措施处理并按照规定报告的；

（四）有其他违反本办法行为的。

第三十四条 承储企业违反本办法规定，有下列行为之一的，由国家粮食和物资储备局、财政部、国家粮食和物资储备局垂直管理局按照各自职责，责成其限期整改；情节严重的，调出其承储的中央储备糖，责令退回财政补贴；有违法所得的，由财政部按有关规定收缴；构成犯罪的，依法追究刑事责任：

（一）拒不执行或擅自改变中央储备糖收储、销售、轮换、动用计划的；

（二）擅自动用中央储备糖的；

（三）以中央储备糖对外担保或清偿债务的；

（四）虚报、瞒报中央储备糖数量的；

（五）在中央储备糖中掺杂掺假，以次充好的；

（六）擅自串换中央储备糖品种，变更中央储备糖储存库点的；

（七）未对中央储备糖实行专仓储存、专人保管、专账记载，中央储备糖账账不符、账实不符的；

（八）因管理不善等人为因素造成中央储备糖数量、质量和储存安全等方面出现问题的；

（九）有其他违反本办法行为的。

第八章　附　　则

第三十五条　本办法由国家发展改革委会同财政部、国家粮食和物资储备局负责解释。

第三十六条　本办法自 2021 年 4 月 10 日起施行，2008 年 1 月 24 日发布的《中央储备糖管理办法》（商务部国家发展改革委财政部令 2008 年第 1 号）同时废止。

附录四　2020—2022 年广西甘蔗生产全程机械化作业补贴实施细则

为实施好 2020—2022 年广西甘蔗生产全程机械化作业补贴，根据《广西壮族自治区人民政府办公厅关于印发广西糖料蔗良种良法技术推广工作实施方案的通知》（桂政办电〔2020〕60 号），制定本细则。

一、补贴对象

开展甘蔗机械化作业和创建高效甘蔗机收基地的服务组织和个人，包括农民合作社、家庭农场、农业企业和个人。

二、补贴范围

（一）机械化作业补贴范围。

包括深耕（深松）、粉垄整地、旋耕、开行、联合种植、中耕培土、植保、行间剥叶、联合机收、割堆机收、割铺机收、地头集堆剥叶、蔗叶粉碎还田、机收运输等机械化作业环节（糖料蔗机械化作业类型说明见附件1）。

（二）高效机收基地奖补范围。

1. 宜机化改造。包括小块并大块、合理规划建设机耕道、合理设置给排水设施、推坡降坡、填沟平塘、捡石碎石、移除树根等障碍物、平整蔗地等，实施主体可根据蔗地实际情况自行确定改造的项目。

2. 新机具新技术推广应用。包括应用对高效机收有显著促进作用的新机具、新技术、新方法、新模式增加的费用，以及改用适宜机收的糖料蔗品种和应用卫星导航自动驾驶技术等费用。

3. 其他奖补范围。创建基地过程中开展宣传动员、技术培训、影像制作等活动的费用。

三、补贴标准

（一）机械化作业补贴标准。机械化深耕（深松）30 元/亩，粉垄整地 80 元/亩，旋耕 20 元/亩，开行 10 元/亩，联合种植 50 元/亩，中耕培土 25 元/亩，植保 5 元/（亩·次），行间剥叶 20 元/亩，联合机收 234 元/亩（或 45 元/吨），割堆机收 100 元/亩，割铺机收 60 元/亩，地头集堆剥叶 50 元/亩（或 10 元/吨），蔗叶粉碎还田 20 元/亩，机收运输 15 元/吨。

（二）高效机收基地奖补标准。高效机收基地实行以奖代补，每块蔗地只能享受一次，奖补额不能超过基地改造及运用各种先进适用技术所新增的投资总额，每亩最高奖补额为 1 000 元。

四、补贴方式

机械化作业实行先作业后补贴，创建高效机收基地实行先实施后奖补，直补到卡（账）。

五、补贴流程

（一）机械化作业补贴流程。

机械化作业主体应当安装远程监控系统并将作业数据接入广西农机信息化管理平台，以便记录作业面积。远程监控系统记录的作业面积作为申请补贴的依据。远程监控系统记录的信息混乱，无法作为补贴依据的，可由乡镇人民政府（街道办事处）组织人员对作业面积进行核定，向作业主体出具作业量证明。实行牌证管理的拖拉机、联合收割机等需年检合格方可申请机械化作业补贴。

1. 签订协议。不是在自营蔗地开展作业的机械化作业主体，应与服务对象签订糖料蔗机械化作业服务协议（见附件2）。

2. 申请补贴。机械化作业主体在完成作业后30日内向作业点所在地乡镇人民政府（街道办事处）提出补贴申请。机收作业和机收运输作业可在所服务的糖企停榨后30日内提出补贴申请。申请作业补贴需要提供以下材料：

（1）不是在自营蔗地开展作业的机械化作业主体，应提供糖料蔗机械化作业服务协议。

（2）糖料蔗机械化作业补贴申报表（附件4）。

（3）开展作业的拖拉机、联合收割机等行驶证正本、副本（须有年度检验合格记录）复印件。

3. 审核。作业点所在地乡镇人民政府（街道办事处）对补贴对象的申请材料进行审核，重点审核作业量。

4. 公示。乡镇人民政府（街道办事处）将审核结果在行政村或乡镇进行公示，公示期为7个工作日。公示无异议后，将糖料蔗机械化作业补贴结算申请汇总表（附件5）等结算材料报县（市、区）农业农村局。

5. 资金拨付。县（市、区）农业农村局将各乡镇糖料蔗机械化作业补贴结算申请材料汇总审核后报县（市、区）财政局。由县（市、区）财政局按照国库集中支付相关规定将补贴款拨付给补贴对象。

（二）高效机收基地以奖代补流程。

高效机收基地以奖代补实行事前备案、事中跟踪、事后奖补，改造连片区域面积不得小于 50 亩，改造连片区域面积越大，越优先支持。

1. 制定方案。实施主体实施改造前应当参照相关部门预算定额标准编制高效机收基地改造方案并提交乡镇人民政府（街道办事处）备案。改造方案至少应当包括基地的地理位置、红线图、面积、改造实施内容、工程预算书、改造后预期机收效率、建设期限等内容。改造实施内容由实施主体根据改造要求和蔗地实际条件具体确定。改造要求如下：

（1）地块：改造连片区域面积不小于 50 亩。没有出露石芽、树根、水泥墩柱等影响农业机械作业的障碍物。

（2）田间道路：包括田间主干道和工作道路。田间主干道宽度不应小于 4 米，采用泥结石路面。田间道路必须满足农机作业地头回转及糖料蔗运输车辆行走要求；路面压实度应满足糖料蔗运输与生产需要，并充分考虑路边排水需要。

（3）水利设施：输水干管、配水管网工程及喷头、滴灌带、滴灌管、微灌带，水沟、水渠等田间水利设施适应全程机械化作业需要。

2. 实施基地改造。实施主体组织实施基地改造，对每一块蔗地改造前、改造中、改造后的状况进行拍照、摄像，作为申请补贴凭据。

3. 实施全程机械化作业并做好记录。实施主体进行基地宜机化改造后，应开展全程机械化作业，并做好摄像、拍照记录。作业所用机具应当安装有远程监控系统，以便统计作业面积。

4. 申请补贴。基地机收结束后，实施主体应当自行测算机收效率，当机收效率达到本细则规定的标准时，可向乡镇人民政府（街道办事处）提供如下材料申请奖补。

（1）高效机收基地审核和奖补申请表（见附件6）。

（2）实施高效机收基地改造的相关佐证材料。

实施主体应保证所提供材料真实有效，一旦发现有弄虚作假（如虚报工程项目内容、竣工工程量清单，虚报相关的各项开支等），乡镇人民政府（街道办事处）应立即取消其补贴资格，并向社会通报，同时上报县（市、区）农业农村局。

5. 审核。由乡镇人民政府（街道办事处）依据高效机收基地核验要求对实施主体提供的材料进行审核，重点审核高效机收基地改造方案中的改造实施项目是否实施，是否全程实施机械化作业，实施主体所填报的机收效率与系统记录的是否一致，各项开支是否合理等，并出具审核结论。审核结论至少应当包括是否同意奖补及奖补额度。高效机收基地审核要求见附件7。

审核未达标的，允许下一年度整改后重新申报。审核中发现弄虚作假的，下一年度不允许重新申报。

6. 公示。乡镇人民政府（街道办事处）将高效机收基地以奖代补情况在乡镇公示7个工作日。公示无异议后，报县（市、区）农业农村局。

7. 拨付资金。县（市、区）农业农村局将各乡镇高效机收基地以奖代补情况汇总审核后报县（市、区）财政局。由县（市、区）财政局按照国库集中支付相关规定将补贴款拨付给实施主体。

六、实施时间

2020年8月1日起至2023年6月30日止。

七、保障措施

（一）明确职责任务。

申报主体对申报材料的真实性负责。糖企对其出具的机收蔗入厂量等证明材料的真实性负责。自治区糖业发展办负责督促蔗糖企出具有关证明材料。乡镇人民政府（街道办事处）对申报材料的合规性及其审核结果负责。县（市、区）农业农村局负责督促各乡镇人民政府（街道办事处）及时上报材料并审核，同时商县（市、区）财政局及时做好补贴资金结算发放工作。

（二）合理调配资金。

每年榨季结束后，自治区农业农村厅根据当年各县（市、区）资金使用情况，合理调配下一年度补贴任务，并商自治区财政厅相应调整资金分配。

（三）加强宣传培训。

各市、县（市、区）农业农村局应通过电视、网络、报刊等媒介及举办专场培训班，广泛宣传培训《广西糖料蔗良种良法技术推广工作实施方案》及本实施细则的相关内容，推动补贴工作顺利实施。

（四）加强监督管理。

各县（市、区）要全面公开补贴程序、补贴标准和补贴方式，强化实施过程监管，开展实地抽查，防止截留、挪用、套取补贴资金。

（五）加强档案管理。

乡镇人民政府（街道办事处）、县（市、区）农业农村局应收集所有涉补贴资金发放原始凭证材料，建立健全补贴档案。鼓励建立和备份电子档案。

（六）认真做好总结。

各市农业农村局要认真总结所辖各县（市、区）工作情况，每年榨季结束后将工作总结和糖料蔗机械化作业补贴结算申请汇总表报送自治区农业农村厅。

联系人及联系方式：温才广，0771—5626321；马腾飞，0771—5829786。电子邮箱：gxnjcfb@163.com。

附件（从略）

附录五　中国糖业管理机构

中国政府对糖业问题十分关注和关心，食糖一直是国家宏观管理的重要商品之一，目前与糖业管理有关的主要政府部门及组织有：

国家发展和改革委员会：主要负责指导糖业中长期发展规划；监测行业经济运行态势；安排国家拨款的专项项目和限上项目的核准；研究提出食糖年度指导性计划、市场供求总量平衡和宏观调控政策，对国家储备糖计划的总体协调和动用等提出建议；研究新型工业化发展战略，推进产业升级和技术进步；研究生物化工产业和能源替代战略；发展循环经济，制定资源节约和综合利用政策等；监测预测价格总水平变动，提出价格总水平调控目标、政策和价格改革的建议；指导价格监督检查工作，组织实施价格检查，依法查处价格违法行为等。

工业和信息化部：主要负责食糖产业政策的制定和产业结构调整方针；组织实施工业行业规划；对糖精实行指令性计划管理；指导行业技术法规和行业标准的制定。

财政部：会同国家发展和改革委等有关部门研究制订财政投资的有关政策，参与项目安排；负责组织起草税收法律、行政法规草案及实施细则和税收政策调整方案，研究提出关税和进口税收政策；负责管理、国家物资（如粮食、棉花、食糖、医药等）专项储备资金、国家财政拨款和政策性补贴等。

生态环境部：负责制糖行业污染物防治的监督管理；承担落实制糖行业减排目标，组织制定制糖行业主要污染物排放总量控制和排污许可证制度并监督实施，提出实施总量控制的污染物名称和控制指标，督查、督办、核查各地污染物减排任务完成情况，实施环境保护目标责任制、总量减排考核并公布考核结果。

农业农村部：负责糖料种植业的管理；良种基地建设；种植业机械化发展措施的制定；种植业产业化和社会化服务体系建设等。

商务部：负责食糖流通领域的协调与管理；食糖市场供应状况的监控和分析；食糖进口配额的计划管理及发放；食糖加工贸易审批；对外贸易调查和产业损害调查等。

海关总署：负责研究提出海关打击食糖走私工作计划并组织实施；管理和指导全国海关缉私部门的行政执法工作；研究提出反走私综合治理方针、政策及措施并组织实施。

国家市场监督管理总局：负责市场综合监督管理，统一登记市场主体并建立信息公示和共享机制，组织市场监管综合执法工作，承担反垄断统一执法，规范和维护市场秩序，组织实施质量强国战略，负责工业产品质量安全、食品安全、特种设备安全监管，统一管理计量标准、检验检测、认证认可工作等。

国家粮食和物资储备局：负责管理国家食糖储备，研究提出中央储备糖收购、销售、进出口计划并组织实施，管理轮换计划，承担食糖市场监测预警、统计工作。负责研究储备体制改革方案并组织实施，负责储备基础设施建设和管理，负责对政府储备、企业储备及储备政策落实情况监督检查。

中国海警局：负责管护海上边界，处理近海治安、刑事等案件的调查处理，防范打击海上走私、偷渡、贩毒等违法犯罪活动，维护国家海上安全和治安秩序，负责海上重要目标的安全警卫，处置海上突发事件。

中国人民银行：承担综合研究并协调解决金融运行中的重大问题、促进金融业协调健康发展的责任；起草有关法律和行政法规草案，完善有关金融机构运行规则；依法制定和执行货币政策，制定和实施宏观信贷指导政策；完善金融宏观调控体系。

中国农业发展银行：按照国家的法律、法规和方针、政策，以国家信用为基础，筹集农业政策性信贷资金，承担国家规定的农业政策性和经批准开办的涉农商业性金融业务，代理财政性支农资金的拨付，为农业和农村经济发展服务。

附录六　中国及地方糖业协会

中国糖业协会

中国糖业协会是 1992 年 6 月在民政部注册登记的社团法人组织，1992 年 10 月 8 日正式成立。中国糖业协会荣获"中国社会组织评估"AAAA 等级。

中国糖业协会以农民增收、企业增效、行业稳定发展为己任，以做好协调、服务工作为宗旨。团结全体会员，为企业服务，反映会员愿望，维护会员的合法权利；根据行业发展的实际情况，向国务院有关部委提出行业发展意见和建议，协助政府进行宏观调控与决策；积极贯彻国家发展糖业的方针、政策、法令。成立近 30 年来，中国糖业协会在建立产销衔接机制，加强食糖市场宏观调控，推动糖业结构调整，实施糖业扭亏解困，加强国际交流与合作，促进全行业技术进步，发展循环经济，限产限销高倍化学合成甜味剂，扩大食糖消费，打击食糖走私，促进食糖产销体制改革等方面做了大量卓有成效的工作，得到了全体会员单位和国务院有关部委的一致好评。

中国糖业协会的最高权力机构是会员代表大会。理事长领导下的理事会对代表大会负责。秘书处是协会的常设机构，负责协会的日常工作。

中国糖业协会设专家委员会、甘蔗糖专业委员会、甜菜糖专业委员会、综合利用多种经营专业委员会、糖业设备应用专业委员会、食糖流通专业委员会、原糖加工委员会、团体标准委员会等。受政府有关管理部门委托，设立全国糖精产销协作组办公室和反食糖走私领导小组办公室，负责糖精限产限销管理协调工作。

中国糖业协会的会员包括工、农、商、贸、科研、教育、设计安装、设备制造、投资公司等与糖业有关的企事业单位，现有会员单位 458 家，其中有 322 家甘蔗、甜菜制糖和原糖加工企业，65 家商业流通企业，17 家制糖科研机构、设计院及设有制糖专业的大专院校，11 家糖机制造厂，43 家其他单位。

中国糖业协会现有工作人员 22 人，分设办公室、会员管理部、财务部、信息部、国际合作部、科技装备部、会展部、糖精产销协作办公室（临时）和反食糖走私领导小组办公室等部门。

广西糖业协会

广西糖业协会于 2002 年 9 月 28 日成立，是广西壮族自治区人民政府团结和联系广大糖业生产、科研、种植、经营管理等单位和个人的桥梁与纽带，是由食糖产业各相关环节的企业、事业单位自愿结成的全区性、行业性、跨部门、跨所有制的非营利性社会组织。目前协会拥有会员 130 家。

广西糖业协会成立以来，一直以市场为导向，以建立蔗农和企业的利益协调机制为切入点，以建立企业与政府、企业与企业、兄弟省（自治区）之间的桥梁作用为着力点，依法维护制糖企业的合法权益；研究企业发展过程中的重大问题，同时给政府当好参谋，做好参与国际竞争的各项工作，为推动行业的信息技术进步、行业自律发挥重要作用。

云南省糖业协会

云南省糖业协会成立于 1996 年 10 月 15 日，现有工、商会员（法人单位）46 家。协会的宗旨是：贯彻国家和云南省发展糖业的方针、政策；反映企业的愿望和要求；维护企业的合法权益；成为政府与企业，企业与企业之间的桥梁和纽带。团结全体会员，为行业发展进行规划、引导，全心全意为企业发展做好服务。

面对新形势，云南省糖业协会将紧紧依靠社会各界的大力支持主动作为，研究新情况，分析新趋势，抓住新机遇，解决新问题，走在行业变化的前列，全力推进糖业的高质量发展。

广东省糖业协会

广东省糖业协会成立于 1995 年，在广东省民政厅注册。会员企业主要是制糖企业、食糖经销商和食糖用户。目前协会有 60 家会员单位。

协会依照广东省民政厅有关管理条例独立自主地开展工作，作为企业和政府沟通的桥梁，协会自成立以来，在指导广东省糖业生产、食糖销售和糖业体制改革方面起了重要作用。特别是对广东省糖业的结构调整、提高广东省制糖产业竞争力和两个基地（珠江三角原糖加工基地和湛江国产糖生产基地）建设方面做了重要工作。

协会的工作宗旨是：做好会员单位的信息沟通服务，每年做 1～2 件重要事情，推动糖业进步。

海南省糖业协会

海南省糖业协会成立于 1994 年 6 月 28 日，是在海南省民政厅注册登记的法人社团组织，现有团体会员 9 家，个人会员 51 人。设有秘书处、技术工作委员会和信息调研部等机构。秘书处负责日常工作，配专职人员 3 人、兼职人员 1 人。

协会成立以来，始终坚持以服务企业与行业为根本，以促进糖业健康发展为己任。认真履行行业协会职能，积极组织引导全省制糖行业贯彻落实国家产业政策；开展调查研究，向政府提出政策性意见和建议；发挥桥梁纽带作用，反映会员呼声，维护制糖行业和企业合法权益；根据本行业特点，搞好协调、自律和服务等工作。所做努力得到了全体会员和政府主管部门的肯定。近年来，针对海南省农村产业结构调整的新形势，就糖业如何转变增长方式，利用独特优势开发新产品，促进产业健康、可持续发展的问题，协会联合有关单位开展了深入的研究和探索。

新疆制糖工业协会

新疆制糖工业协会的前身是新疆食品工业协会制糖专业协会，该专业协会于 1991 年 10 月成立，是新疆食品协会的一个二级协会。1994 年 12 月，该专业协会由二级升为一级，新疆制糖工业协会正式成立，挂靠在自治区轻工业厅。2019 年贯彻落实行业协会商会与行政机关脱钩改工作，新疆制糖协会经理事会研究，与政府脱钩，由行业的龙头企业管理协会，由中粮糖业接手协会管理，张爱民同志为理事长、赵金力同志为秘书长兼法人。新疆制糖工业协会现有会员是新疆全部的制糖企业（15 家单体制糖企业）及有关单位。

新疆制糖工业协会的宗旨是为行业服务，促进行业发展，维护本行业会员的合法权益，建立会员与政府、社会等各方面的桥梁，接受政府部门的委托，负责部分行业管理工作，在政府主管部门的指导和会员的支持下，在政府和企业之间、企业与企业之间起桥梁和纽带作用，推动行业经济技术和管理水平的提高，促进自治区制糖工业的发展。主要任务：提出制糖行业发展的规划建议并参与相应活动；组织协调全行业的经济、技术、质量的交流、咨询、调研等活动，参加全国糖业协会组织的有关活动。

内蒙古糖业协会

内蒙古糖业协会于 1985 年成立，现有会员 15 家（全部是单位会员）。自成立以来一直以"桥梁、纽带、协调、服务"为宗旨，为自治区制糖行业的健康发展努力工作。主要开展以下工作：开展对全行业基础资料的调查、搜集和整理，并与中国糖业协会及全国各主要产糖省（区）保持密切联系，随时掌握国际、国内制糖行业各种信息，并结合全区制糖行业实际情况，向政府和各有关部门提出行业发展规划和改革建议，建立全区制糖行业的信息交流平台，同时，做好与国内各产糖省（区）间的数据信息交流；根据全区制糖行业内部的情况，组织会员单位开展技术交流，召开制糖生产期总结会议，甜菜春播、秋收工作销售等专业会议，促进企业间的交流，组织一些赴国内、国外产糖地考察活动，开阔眼界，丰富、活跃协会的日常工作。根据甜菜糖的情况，组织、协调企业选择、引进甜菜新品种和先进的工艺、生产设备、技术以及新产品开发，与有关部门配合参与制糖行业各项地方标准的制定、修订，以提高全区制糖行业的整体技术水平。与中国糖业协会加强联系，储备糖短期贷款等优惠政策，并与自治区经济和信息化委员会，商务厅以及专业银行协调，争取落实技术改造项目，各项政策性指标和贷款的发放。利用秘书处在首府的沟通、协调和地理优势，尽全力为全区制糖行业做好各种服务。

黑龙江省糖业协会

黑龙江省糖业协会成立于1998年，隶属于黑龙江省工业信息化委员会。协会有企业会员28家。

黑龙江省糖业协会的宗旨是：为企业服好务，更好地促进行业发展，维护行业内会员的合法权益，建立完善制糖行业自律机制、制定行业道德准则、规范行业自我管理行为，组织行业人员培训、技术交流、科技攻关与科技成果推广，同时做好政府与企业的桥梁和纽带，为政府有关部门及时准确反映行业情况并提供意见和建议。